BRIGHT SCYTHE

BRIGHT SCYTHE

Selected Poems by
Tomas Tranströmer

TRANSLATED BY PATTY CRANE

SARABANDE BOOKS ❈ LOUISVILLE, KY

Publisher's Cataloging-in-Publication
(Provided by Cassidy Cataloguing Services, Inc.)

Names: Tranströmer, Tomas, 1931-2015, author. | Crane, Patty, translator.
Title: Bright scythe : selected poems / by Tomas Tranströmer ; translated by Patty Crane.
Other titles: Poems. Selections. English
Description: First edition. | Louisville, KY : Sarabande Books, [2024] | Published in hardcover and
ebook formats in 2015. | Parallel text in English and Swedish on facing pages.

Identifiers: ISBN: 978-1-956046-49-6 (paperback)
Subjects: LCSH: Tranströmer, Tomas, 1931-2015--Translations into English. | LCGFT: Poetry.
Classification: LCC: PT9876.3.R3 A2 2024 | DDC: 839.71/74--dc23

Cover by Kristen Radtke
Interior by Kirkby Gann Tittle & Kristen Radtke
Manufactured in Canada.
This book is printed on acid-free paper.
Sarabande Books is a nonprofit literary organization.

The Kentucky Arts Council, the state arts agency, supports Sarabande Books with state tax
dollars. Federal funding comes from the National Endowment for the Arts.

To Monica Tranströmer,
compass and lodestar

CONTENTS

VI. 2004

Afterword by Patty Crane

Acknowledgments

The Author

The Translator

"Good Evening, Beautiful Deep"

The great subject of the poetry of Sweden's Tomas Tranströmer—it sometimes seems as though it is his only subject—is liminality. He is a poet almost helplessly drawn to enter and inhabit those in-between states that form the borderlines between waking and sleeping, the conscious and the unconscious, ecstasy and terror, the public self and the interior self. Again and again his poems allude to border checkpoints, boundaries, crossroads: they teeter upon thresholds of every sort—be they the brink of sleep or the brink of death, a door about to open or a door about to close. And these thresholds are often ensorcelled places, where a stone can miraculously pass through a window and leave it undamaged; where the faces of what seem to be all of humanity suddenly appear to the speaker on a motel wall, "pushing through oblivion's white walls / to breathe, to ask for something" ("The Gallery"). Indeed, in one of his finest individual collections, called *Sanningsbarriären* in its original Swedish and *The Truth Barrier* in most English translations, he concocts a neologism which perfectly encapsulates his lifelong fixation with the liminal.

Yet this inhabitant of borderlands and denizen of thresholds is also deeply suspicious of binaries and dichotomies, of Manichaeism in any form. In Tranströmer's universe, conditions are too much in flux, too subject to sudden and radical change, to ever permit dualistic thinking: every emotion can without warning turn into its opposite; every perception of what A. N. Whitehead called "the *withness* of the body" can turn into an out-of-the-body experience; and visionary moments are possible but always fraught. Witness Patty Crane's rendering of a later Tranströmer poem, "Like Being a Child":

> Like being a child and an enormous insult
> is pulled over your head like a sack;
> through the sack's stitches you catch a glimpse of the sun
> and hear the cherry trees humming.

But this doesn't help, the great affront
covers your head and torso and knees
and though you move sporadically
you can't take pleasure in the spring.

Yes, shimmering wool hat, pull it down over the face
and stare through the weave.
On the bay, water-rings teem soundlessly.
Green leaves are darkening the land.

This is, I suppose, Tranströmer's canny way of expressing Keats's concept of negative capability. Tranströmer is certainly a man who, in Keats's memorable phrase, is "capable of being in uncertainties, Mysteries, doubts." And yet he differs from Keats insofar as he sees this state not as a goal for the poet to aspire to, but as inevitable—and inevitably anxiety-provoking. In fact, he sees this condition as our fate in contemporary society.

Despite this, Tranströmer is a poet of astonishment rather than dread; his forays into the unknown and the self-annihilating are ones from which the speaker always returns, relatively unscathed. Because of his interest in the realm of dream, and his unerring ability to fashion surprising and original metaphors, he has often been labeled a surrealist. But his poems are shorn of surrealism's romantic privileging of randomness and the unconscious. Although his work abounds in visionary moments, he examines them as a scientist would—not rhapsodically, and certainly not as some sort of magus or shaman. For many years the poet was employed as a child psychologist in his native Sweden, and even when he describes conditions of great emotional and psychological duress, he does so with the nonplussed detachment of a man in a lab coat jotting down notes on a clipboard. His stance is the epitome of grace under pressure. "Madrigal," another late poem translated by Crane, is prototypical Tranströmer, both in its themes and its approach:

I inherited a dark forest where I seldom walk. But there will come a
day when the dead and the living change places. Then the forest will
be set into motion. We aren't without hope. The most difficult crimes
remain unsolved despite the efforts of many police. In the same way
that somewhere in our lives there's a great unsolved love. I inherited

a dark forest but today I walk in another forest, the light one. Every living thing that sings wriggles sways and crawls! It's spring and the air is intense. I have a degree from the university of oblivion and I'm as empty-handed as the shirt on the clothesline.

Tomas Tranströmer began publishing poetry in the 1950s, and although the body of his work is rather small, there is a unity and uniform standard of excellence in his verse that recalls that of Elizabeth Bishop: the poems are all of a piece, and none of them are minor or self-imitative. With the poet's death this year at the age of eighty-three (just four years after he was at long last awarded the Nobel Prize in Literature), the world lost one of its greatest living poets—if not *the* greatest. Tranströmer has of course found many readers in America. Beginning in the 1970s, his work has been translated by a number of figures, most notably May Swenson, Robert Bly, and Scotland's Robin Fulton, all poets themselves. Patty Crane makes her entrée into these distinguished ranks with fresher, more spontaneous diction and a nuanced ear for Tranströmer's mellifluous but astringent music. Crane's translations, many of them done in collaboration with Tranströmer and his wife, Monica, are tautly rendered, imagistically acute, and elegantly cadenced. They offer American readers a Tranströmer befitting our new century.

Furthermore, Crane's selection is a judicious and representative one. It includes some of the poet's lesser-known early efforts; his ambitious long poem *Baltics*—a small-scale epic, reminiscent of works such as Lorine Niedecker's "Lake Superior" and Basil Bunting's "Briggflatts"—and, above all, it includes Tranströmer's final individual collection, *The Sorrow Gondola* (1996), in its entirety. This is the poet's most subtle and elegiac book. In 1990 Tranströmer suffered a debilitating stroke that left him partially paralyzed, and impaired his powers of speech. The book's title poem, completed shortly before the poet's stroke, is one of his most haunting efforts. Like *Baltics*, the poem's method is juxtapositional, alternating sections devoted to the relationship between the dying Richard Wagner and his father-in-law, Franz Liszt, with vignettes drawn from the poet's own life and dream-life. The poem is majestic and melancholy, and seems in some eerily unconscious way to foreshadow the poet's own encounter with disability. The poem's final two sections are classic Tranströmer. We first see Liszt composing and playing the piano sonata which gives the poem its title, and the section is stately and sinister by turns. The final section, brusque and fragmented, relates an ominous dream:

VII

The clavier, which kept silent through all of Parsifal (but listened), finally has
   something to say.

Sighs ... sospiri ...

When Liszt plays tonight he holds the sea-pedal pressed down

so the ocean's green force rises up through the floor and flows together with all
   the stone in the building.

Good evening, beautiful deep!

The gondola is heavy-laden with life, it is simple and black.

VIII

Dreamt I was supposed to start school but arrived too late.

Everyone in the room was wearing a white mask.

Whoever the teacher was, no one could say.

How wondrous these lines are! The hallmarks of Tranströmer's method are abundantly in evidence: the unsettling anthropomorphism of the clavier finally having "something to say," the conflation of Liszt's music with the relentless power of the sea, and a dream that seems meant to instruct but instead ends in enigma. And yet, within this mixture of moody atmospherics and uncertainty comes the wonderfully bracing line that seems to me the most crucial in the poem, "Good evening, beautiful deep!"

For readers encountering Tranströmer for the first time, Crane's translation will be an ideal introduction to an indispensable poet. For readers who already know Tranströmer, this collection will remind them yet again that he is a writer of immense originality and depth, who among the poets of the last century has only a handful of equals.

—David Wojahn, 2015

I

1954–1973

STENARNA

Stenarna som vi kastat hör jag
falla, glasklara genom åren. I dalen
flyger ögonblickets förvirrade
handlingar skränande från
trädtopp till trädtopp, tystnar
i tunnare luft än nuets, glider
som svalor från bergstopp
till bergstopp tills de
nått de yttersta platåerna
utmed gränsen för varat. Där faller
alla våra gärningar
glasklara
mot ingen botten
utom oss själva.

THE STONES

The stones we have thrown I hear
fall, glass-clear through the year. In the valley
confused actions of the moment
fly howling from tree-top
to tree-top, quieting
in air thinner than now's, gliding
like swallows from mountain-top
to mountain-top till they
reach the furthest plateaus
along the edge of existence. Where
all our deeds fall
glass-clear
to no ending
except ourselves.

HEMLIGHETER PÅ VÄGEN

Dagsljuset träffade ansiktet på en som sov.
Han fick en livligare dröm
men vaknade ej.

Mörkret träffade ansiktet på en som gick
bland de andra i solens starka
otåliga strålar.

Det mörknade plötsligt som av ett störtregn.
Jag stod i ett rum som rymde alla ögonblick—
ett fjärilsmuseum.

Och ändå solen lika starkt som förut.
Dess otåliga penslar målade världen.

SECRETS ON THE WAY

Daylight touched the face of a man who slept.
He had a livelier dream
but didn't wake up.

Darkness touched the face of a man who walked
among the others under the sun's strong
impatient rays.

It darkened suddenly as if from a rainstorm.
I stood in a room that contained every moment—
a butterfly museum.

And still the sun was as intense as before.
Its impatient paintbrushes painting the world.

SPÅR

På natten klockan två: månsken. Tåget har stannat
mitt ute i slätten. Långt borta ljuspunkter i en stad,
flimrande kallt vid synranden.

Som när en människa gått in i en dröm så djupt
att hon aldrig ska minnas att hon var där
när hon återvänder till sitt rum.

Och som när någon gått in i en sjukdom så djupt
att allt som var hans dagar blir några flimrande punkter, en svärm,
kall och ringa vid synranden.

Tåget står fullkomligt stilla.
Klockan två: starkt månsken, få stjärnor.

TRACKS

Two o'clock at night: moonlight. The train has stopped
out in the middle of the field. Distant points of light from a city,
flickering coldly on the horizon.

As when a person has gone into a dream so deep
she'll never remember she was there
when she returns to her room.

Or when someone has gone into an illness so deep
his days all become a few flickering points, a swarm,
cold and slight on the horizon.

The train stands completely still.
Two o'clock: strong moonlight, few stars.

KYRIE

Ibland slog mitt liv upp ögonen i mörker.
En känsla som om folkmassor drog genom gatorna
i blindhet och oro på väg till ett mirakel,
medan jag osynligt förblir stående.

Som barnet somnar in med skräck
lyssnande till hjärtats tunga steg.
Långt, långt till morgonen sätter strålarna i låsen
och mörkrets dörrar öppnar sig.

KYRIE

Sometimes my life opened its eyes in the dark.
A feeling as if crowds moved through the streets
in blindness and angst on the way to a miracle,
while I, invisible, remain standing still.

Like the child who falls asleep afraid
listening to his heart's heavy steps.
Long, long, until morning slips its rays in the locks
and the doors of darkness open.

BALAKIREVS DRÖM

Den svarta flygeln, den glänsande spindeln
stod darrande mitt i nät av musik.

I konsertsalen tonades fram ett land
där stenarna inte var tyngre än dagg.

Men Balakirev somnade under musiken
och drömde en dröm om tsarens droska.

Den rullade fram över kullerstenar
rakt in i det kråkkraxande mörka.

Han satt ensam inne i vagnen och såg
men sprang ändå bredvid på vägen.

Han visste att resan hade varat länge
och hans klocka visade år, inte timmar.

Det var ett fält där plogen låg
och plogen var en fågel som störtat.

Det var en vik där fartyget låg
infruset, släckt, med folk på däcket.

Droskan gled dit över isen och hjulen
spann och spann med ett ljud av silke.

Ett mindre krigsfartyg: "Sevastopol".
Han var ombord. Besättningsmän kom fram.

BALAKIREV'S DREAM

The black grand piano, the gleaming spider
stood trembling in the midst of its music-net.

In the concert hall a land was emerging
where the stones were no heavier than dew.

But Balakirev fell asleep during the music
and dreamed a dream about the tsar's carriage.

It rolled along over the cobblestones
straight into the crow-cawing dark.

He sat alone in the cab and looked out
but at the same time ran alongside in the road.

He knew that the trip had been long
and his watch showed years, not hours.

There was a field where the plow lay
and the plow was a bird taking flight.

There was a bay where the ship lay
ice-bound, lights out, with people on deck.

The carriage glided across that ice and the wheels
spun and spun with a sound of silk.

A lesser battleship: *Sevastopol*.
He was aboard. The crew came forward.

"Du slipper dö om du kan spela."
De visade ett egendomligt instrument.

Det liknade en tuba, eller en fonograf,
eller en del av någon okänd maskin.

Stelrädd och hjälplös förstod han: det är
det instrument som driver örlogsskeppen.

Han vände sig mot den närmaste matrosen,
tecknade förtvivlat med handen och bad:

"gör korstecknet som jag, gör korstecknet!"
Matrosen stirrade sorgset som en blind,

sträckte ut armarna, huvudet sjönk ned –
han hängde liksom fastspikad i luften.

Trummarna slog. Trummarna slog. Applåder!
Balakirev vaknade upp ur sin dröm.

Applådernas vingar smattrade i salen.
Han såg mannen vid flygeln resa sig upp.

Ute låg gatorna mörklagda av strejken.
Droskorna rullade hastigt i mörkret.

MILIJ BALAKIREV
1837–1910, rysk tonsättare

"You won't have to die if you can play."
They showed him a peculiar instrument.

It looked like a tuba, or a phonograph,
or a part to some obscure machine.

Scared-stiff and helpless he understood: this
is the instrument that drives the warship.

He turned to the sailor nearest him,
desperately signaled with his hands and begged:

"Make the sign of the cross like me, cross yourself!"
The sailor stared somberly like a blind man,

stretched his arms out, sunk his head down—
he hung as if nailed to the air.

The drums beat. The drums beat. Applause!
Balakirev woke up from his dream.

The applause-wings pattered around the hall.
He watched the man at the grand piano rise.

Outside the streets lay blacked-out by the strike.
The carriages rolled swiftly through the darkness.

MILIJ BALAKIREV
1837–1910, Russian composer

TRÄDET OCH SKYN

Det går ett träd omkring i regnet,
skyndar förbi oss i det skvalande grå.
Det har ett ärende. Det hämtar liv ur regnet
som en koltrast i en fruktträdgård.

Då regnet upphör stannar trädet.
Det skymtar rakt, stilla i klara nätter
i väntan liksom vi på ögonblicket
då snöflingorna slår ut i rymden.

THE TREE AND THE SKY

There's a tree walking around in the rain,
hurrying past us in the pouring gray.
It has an errand. It's gathering life out of the rain
like a blackbird in an orchard.

When the rain lets up, the tree stops.
Catch a straight glimpse of it, still on clear nights
waiting like us for the moment
when snowflakes leaf-out in space.

ANSIKTE MOT ANSIKTE

I februari stod levandet still.
Fåglarna flög inte gärna och själen
skavde mot landskapet så som en båt
skaver mot bryggan den ligger förtöjd vid.

Träden stod vända med ryggen hitåt.
Snödjupet mättes av döda strån.
Fotspåren åldrades ute på skaren.
Under en presenning tynade språket.

En dag kom någonting fram till fönstret.
Arbetet stannade av, jag såg upp.
Färgerna brann. Allt vände sig om.
Marken och jag tog ett språng mot varann.

FACE TO FACE

In February existence stood still.
Birds didn't fly willingly and the soul
chafed against the landscape the way a boat
chafes against the dock it lies moored to.

The trees stood with their backs to us.
Snow-depth was measured with dead straw.
Footprints grew old out on the crust.
Under a tarp, language withered.

One day something appeared at the window.
Work came to a halt, I looked up.
The colors burned. Everything turned around.
The land and I sprang toward each other.

LAMENTO

Han lade ifrån sig pennan.
Den vilar stilla på bordet.
Den vilar stilla i tomrummet.
Han lade ifrån sig pennan.

För mycket som varken kan skrivas eller förtigas!
Han är lamslagen av något som händer långt borta
fast den underbara kappsäcken dunkar som ett hjärta.

Utanför är försommaren.
Från grönskan kommer visslingar—människor eller fåglar?
Och körsbärsträd i blom klappar om lastbilarna som kommit hem.

Det går veckor.
Det blir långsamt natt.
Malarna sätter sig på rutan:
små bleka telegram från världen.

LAMENT

He laid down his pen.
It rests quietly on the table.
It rests quietly in the void.
He laid down his pen.

Too much that can neither be written nor kept inside!
He's paralyzed by something happening far away
although his marvelous travel bag pulses like a heart.

Outside, it's early summer.
From the greenness comes whistling—people or birds?
And blossoming cherry trees embrace the trucks that have returned home.

Weeks go by.
Night arrives slowly.
Moths settle on the windowpane:
small pale telegrams from the world.

ALLEGRO

Jag spelar Haydn efter en svart dag
och känner en enkel värme i händerna.

Tangenterna vill. Milda hammare slår.
Klangen är grön, livlig och stilla.

Klangen säger att friheten finns
och att någon inte ger kejsaren skatt.

Jag kör ner händerna i mina haydnfickor
och härmar en som ser lugnt på världen.

Jag hissar haydnflaggan—det betyder:
"Vi ger oss inte. Men vill fred."

Musiken är ett glashus på sluttningen
där stenarna flyger, stenarna rullar.

Och stenarna rullar tvärs igenom
men varje ruta förblir hel.

ALLEGRO

I play Haydn after a black day
and feel a simple warmth in my hands.

The keys are willing. Gentle hammers strike.
The tone is green, lively and calm.

The tone says that freedom exists
and someone isn't paying the emperor tax.

I shove my hands down into my haydnpockets
and act like someone who looks calmly at the world.

I hoist the haydnflag—it signifies:
"We won't give in. But want peace."

The music is a glass house on a slope
where stones are flying, stones are rolling.

And the stones roll straight through
but every pane remains whole.

DEN HALVFÄRDIGA HIMLEN

Modlösheten avbryter sitt lopp.
Ångesten avbryter sitt lopp.
Gamen avbryter sin flykt.

Det ivriga ljuset rinner fram,
även spökena tar sig en klunk.

Och våra målningar kommer i dagen,
våra istidsateljéers röda djur.

Allting börjar se sig omkring.
Vi går i solen hundratals.

Var människa en halvöppen dörr
som leder till ett rum för alla.

Den oändliga marken under oss.

Vattnet lyser mellan träden.

Insjön är ett fönster mot jorden.

THE HALF-FINISHED HEAVEN

Depression breaks off its course.
Anxiety breaks off its course.
The vulture breaks off in flight.

The fervent light pours out,
even the ghosts take a drink.

And our paintings are revealed,
our Ice Age studio's red beasts.

Everything begins to look around.
We walk in the sun by the hundreds.

Each person is a half-open door
leading to a room for everyone.

The endless ground under us.

Water shines between the trees.

The lake is a window into earth.

EN VINTERNATT

Stormen sätter sin mun till huset
    och blåser för att få ton.
Jag sover oroligt, vänder mig, läser
    blundande stormens text.

Men barnets ögon är stora i mörkret
    och stormen den gnyr för barnet.
Båda tycker om lampor som svänger.
    Båda är halvvägs mot språket.

Stormen har barnsliga händer och vingar.
    Karavanen skenar mot Lappland.
Och huset känner sin stjärnbild av spikar
    som håller väggarna samman.

Natten är stilla över vårt golv
    (där all förklingande steg
vilar som sjunkna löv i en damm)
    men därute är natten vild!

Över världen går en mer allvarlig storm.
    Den sätter sin mun till vår själ
och blåser för att få ton. Vi räds
    att stormen blåser oss tomma.

A WINTER NIGHT

The storm puts its mouth to the house
   and blows to get a tone.
I sleep restlessly, tossing and turning, reading
   the storm's text with my eyes closed.

But the child's eyes are huge in the dark
   and for the child the storm wails.
Both are fond of lamps that swing.
   Both are halfway toward speech.

The storm has childlike hands and wings.
   The caravan runs off to Lapland.
And the house feels its constellation of nails
   holding the walls together.

The night is calm over our floor
   (where all the dying footsteps
rest like sunken leaves in a pond)
   but out there the night is wild!

Over the world a graver storm is passing.
   It puts its mouth to our soul
and blows to get a tone. We're afraid
   the storm will blow us empty.

VINTERNS FORMLER

I
Jag somnade i min säng
och vaknade under kölen.

På morgonens klockan fyra
då tillvarons renskrapade ben
umgås med varann kallt.

Jag somnade bland svalorna
och vaknade bland örnarna.

II
I lyktskenet är vägens is
glänsande som ister.

Det är inte Afrika.
Det är inte Europa.
Det är ingenstans annat än "här".

Och det som var "jag"
är bara ett ord
i decembermörkrets mun.

III
Anstaltens paviljonger
utställda i mörkret
lyser som TV-skärmar.

En dold stämgaffel
i den stora kölden
utsänder sin ton.

WINTER'S FORMULAS

I
I fell asleep in my bed
and woke up under the keel.

At four o'clock in the morning
when life's picked-clean bones
mingle together coldly.

I fell asleep among the swallows
and woke up among eagles.

II
In the lamplight the road's ice
glistens like grease.

This is not Africa.
This is not Europe.
This is nowhere other than "here."

And that which was "I"
is only a word
in December's dark mouth.

III
The institute's pavilions
on display in the darkness
glow like TV screens.

A hidden tuning fork
in the immense cold
shivers out its tone.

Jag står under stjärnhimlen
och känner världen krypa
in och ut i min rock
som i en myrstack.

IV

Tre svarta ekar ur snön.
Så grova, men fingerfärdiga.
Ur deras väldiga flaskor
ska grönskan skumma i vår.

V

Bussen kryper genom vinterkvällen.
Den lyser som ett skepp i granskogen
där vägen är en trång djup död kanal.

Få passagerare: några gamla och några mycket unga.
Om den stannade och släckte lyktorna
skulle världen utplånas.

I stand under the starry sky
and feel the world crawl
in and out of my coat
like in an anthill.

IV

Three black oaks rise from the snow.
So coarse, but nimble-fingered.
Out of their enormous flasks
the greenery will foam this spring.

V

The bus crawls through the winter evening.
It shines like a ship in the spruce woods
where the road is a narrow deep dead canal.

Few passengers: some old and some very young.
If the bus stopped and switched off its lights
the world would be obliterated.

UNDER TRYCK

Den blå himlens motordån är starkt.
Vi är närvarande på en arbetsplats i darrning,
där havsdjupet plötsligt kan uppenbara sig—
snäckor och telefoner susar.

Det sköna hinner man bara se hastigt från sidan.
Den täta säden på åkern, många färger i en gul ström.
De oroliga skuggorna i mitt huvud dras dit.
De vill krypa in i säden och förvandlas till guld.

Mörkret faller. Vid midnatt går jag till sängs.
Den mindre båten sätts ut från den större båten.
Man är ensam på vattnet.
Samhällets mörka skrov driver allt längre bort.

UNDER PRESSURE

The blue sky's engine-drone is loud.
We're at the scene of a worksite that's trembling,
where ocean depths can suddenly be revealed—
shells and telephones whispering.

Beauty can only be seen quickly, from the side.
The dense grain in the field, many colors in a yellow tide.
The restless shadows in my head are drawn there.
They want to crawl inside the grain and turn to gold.

Darkness falls. At midnight I go to sleep.
The smaller boat sets out from the larger boat.
You're alone on the water.
Society's dark hull drifts further and further away.

FRÅN SNÖSMÄLTNINGEN –66

Störtande störtande vatten dån gammal hypnos.
Ån översvämmar bilkyrkogården, glittrar
bakom maskerna.
Jag griper hårt om broräcket.
Bron: en stor fågel av järn som seglar förbi döden.

FROM THE SNOWMELT OF '66

Rushing rushing water's rumbling old hypnosis.
The river's flooding the car-graveyard, glittering
behind the masks.
I grab hold of the bridge railing.
The bridge: a large iron bird sailing past death.

SKISS I OKTOBER

Bogserbåten är fräknig av rost. Vad gör den här så långt inne i landet?
Den är en tung, slocknad lampa i kylan.
Men träden har vilda färger. Signaler till andra stranden!
Som om några ville bli hämtade.

På väg hem ser jag bläcksvamparna skjuta upp genom gräsmattan.
De är de hjälpsökande fingrarna på en
som snyftat länge för sig själv i mörkret där nere.
Vi är jordens.

SKETCH IN OCTOBER

The tugboat is freckled with rust. What's it doing here so far inland?
It's a heavy, burnt-out lamp in the cold.
But the trees have wild colors. Signals to the other shore!
As if someone needed to be picked up.

On the way home, I see ink-mushrooms pushing up through the lawn.
They're the help-seeking fingers of someone
who has sobbed for a long time in the darkness down there.
We are the earth's.

LÄNGRE IN

På stora infarten till staden
då solen står lågt.
Trafiken tätnar, kryper.
Den är en trög drake som glittrar.
Jag är ett av drakens fjäll.
Plötsligt är den röda solen
mitt framför vindrutan
och strömmar in.
Jag är genomlyst
och en skrift blir synlig
inne i mig
ord med osynligt bläck
som framträder
då papperet hålls över elden!
Jag vet att jag måste långt bort
tvärs genom staden och sedan
vidare, tills det är dags att gå ur
och vandra länge i skogen.
Gå i grävlingens fotspår.
Det blir mörkt, svårt att se.
Där, på mossan, ligger stenar.
En av de stenarna är dyrbar.
Den kan förvandla allt
den kan få mörkret att lysa.
Den är en strömbrytare för hela landet.
Allting hänger på den.
Se den, röra vid den . . .

FURTHER IN

On the main approach to the city
as the sun sinks low.
Traffic backs up, crawls along.
It's a torpid dragon, glittering.
I am one of the dragon's scales.
All of a sudden the red sun
hits the middle of my windshield
and comes streaming in.
I am seen-through
and some writing shows up
inside of me
words in invisible ink
that appear
when the paper is held over fire!
I know that I must go far away
straight through the city and then
further, until it's time to get out
and wander a long time in the woods.
Walk in the tracks of the badger.
It's getting dark, hard to see.
There, on the moss, are some stones.
One of the stones is precious.
It can change everything,
it can make the darkness shine.
It's a light-switch for the whole country.
Everything depends on it.
Look at it, touch it . . .

SENA MAJ

Äppelträd och körsbärsträd i blom hjälper orten att sväva
i den ljuva smutsiga majnatten, vit flytväst, tankarna går vida.
Gräs och ogräs med tysta envisa vingslag.
Brevlådan lyser lugnt, det skrivna kan inte tas tillbaka.

Mild kylig vind går genom skjortan och trevar efter hjärtat.
Äppelträd och körsbärsträd, de skrattar tyst åt Salomo
de blommar i min tunnel. Jag behöver dem
inte för att glömma utan för att minnas.

LATE MAY

Apple trees and cherry trees in bloom help this city float
in the sweet dirty May night, white life vest, my thoughts widen out.
Grasses and weeds with quiet persistent wingbeats.
The mailbox shines calmly, what is written cannot be taken back.

A mild chilly wind blows through my shirt and gropes around for my heart.
Apple trees and cherry trees, they laugh quietly at Solomon,
they blossom in my tunnel. I need them
not to forget but to remember.

II

1974

ÖSTERSJÖAR

I

Det var före radiomasternas tid.

Morfar var nybliven lots. I almanackan skrev han upp de fartyg han lotsade—
namn, destinationer, djupgång.
Exempel från 1884:
Ångf Tiger   Capt Rowan   16 fot   Hull Gefle Furusund
Brigg Ocean   Capt Andersen   8 fot   Sandöfjord Hernösand Furusund
Ångf St Pettersburgg   Capt Libenberg   11 fot   Stettin Libau Sandhamn

Han tog ut dem till Östersjön, genom den underbara labyrinten av öar och vatten.
Och de som möttes ombord och bärs av samma skrov några timmar eller dygn,
hur mycket lärde de känna varann?
Samtal på felstavad engelska, samförstånd och missförstånd men mycket lite av medveten
          lögn.
Hur mycket lärde de känna varann?

När det var tät tjocka: halv fart, knappt ledsyn. Ur det osynliga kom udden med ett enda kliv
och var alldeles intill.
Brölande signal varannan minut. Ögonen läste rätt in i det osynliga.
(Hade han labyrinten i huvudet?)
Minuterna gick.
Grund och kobbar memorerade som psalmverser.
Och den där känslan av "just här är vi" som måste hållas kvar, som när man bär på ett
          bräddfullt kärl och ingenting får spillas.

En blick ner i maskinrummet.
Compoundmaskinen, långlivad som ett människohjärta, arbetade med stora mjukt studsande
          rörelser, akrobater av stål, dofterna steg som från ett kök.

BALTICS

I

It was before the time of radio towers.

Grandfather was a new pilot. In the almanac, he wrote down the ships he guided—
names, destinations, drafts.
Examples from 1884:
SS Tiger   Capt. Rowan   16 ft.   Hull Gefle Furusund
Brig Oceang   Capt. Andersen   8 ft.   Sandöfjord Hernösand Furusund
SS St. Petersburgg   Capt. Libenberg   11 ft.   Stettin Libau Sandhamn

He took them out to the Baltic, through the wonderful labyrinth of islands and water.
And those who met on-board, and were carried by the same hull for a few hours or days,
how well did they get to know each other?
Conversations in misspelled English, understanding and misunderstanding but very little
        deliberate lying.
How well did they get to know each other?

When the fog was thick: half speed, nearly blind. Out of the invisible, the point appeared
and in a single stride was right on them.
Horn bellowing every two minutes. His eyes read straight into the invisible.
(Did he have the labyrinth in his head?)
The minutes passed.
Shallows and rocks memorized like psalm verses.
And that feeling of "we're right here" that must be held, the way you carry a brimming pot so
        nothing gets spilled.

A glance down into the engine room.
The compound engine, long-lived like a human heart, worked with large smooth recoiling
        movements, steel acrobats, and the smells rose as if from a kitchen.

II

Vinden går i tallskogen. Det susar tungt och lätt.

Östersjön susar också mitt inne på ön, långt inne i skogen är man ute på öppna sjön.

Den gamla kvinnan hatade suset i träden. Hennes ansikte stelnade i melankoli när det blåste
> upp:

"Man måste tänka på dem som är ute i båtarna."

Men hon hörde också något annat i suset, precis som jag, vi är släkt.

(Vi går tillsammans. Hon är död sen tretti år.)

Det susar ja och nej, missförstånd och samförstånd.

Det susar tre barn friska, ett på sanatorium och två döda.

Det stora draget som blåser liv i somliga lågor och blåser ut andra. Villkoren.

Det susar: Fräls mig Herre, vattnen tränger mig inpå livet.

Man går länge och lyssnar och når då en punkt där gränserna öppnas

eller snarare

där allting blir gräns. En öppen plats försänkt i mörker. Människorna strömmar ut från de svagt
> upplysta byggnaderna runt om. Det sorlar.

Ett nytt vinddrag och platsen ligger åter öde och tyst.

Ett nytt vinddrag, det brusar om andra stränder.

Det handlar om kriget.

Det handlar om platser där medborgarna är under kontroll,

där tankarna byggs med reservutgångar,

där ett samtal bland vänner verkligen blir ett test på vad vänskap betyder.

Och när man är tillsammans med dem som man inte känner så väl. Kontroll. En viss uppriktighet
> är på sin plats

bara man inte släpper med blicken det där som driver i samtalets utkant: någonting mörkt, en
> mörk fläck.

Någonting som kan driva in

och förstöra allt. Släpp det inte med blicken!

Vad ska man likna det vid? En mina?

Nej det vore för handfast. Och nästan för fredligt—för på var kust har de flesta berättelser om
> minor ett lyckligt slut, skräcken begränsad i tiden.

II

Wind enters the pine forest. It sighs heavily and lightly.

Likewise the Baltic sighs in the island's interior; deep in the forest you're out on the open sea.

The old woman hated the sighing in the trees. Her face hardened in melancholy whenever
       the wind picked up:

"You must think of those who are out there in the boats."

But she heard something else in the sighing, as I do; we're related.

(We're walking together. She's been dead for thirty years.)

It sighs yes and no, misunderstanding and understanding.

It sighs three children healthy, one in the sanitarium and two dead.

The great breath that blows life into certain flames while blowing others out. The conditions.

It sighs: Save me Lord, the waters are come in unto my soul.

You walk for a long time and listen, reaching a point where the borders open

or rather

where everything becomes border. An open place thrown into darkness. People flow out of
       the dimly lit buildings around it. There's murmuring.

A new breath of wind and the place is desolate and still again.

A new breath of wind, murmuring about other shores.

It has to do with the war.

It has to do with places where citizens are under control,

where thoughts are built with emergency exits,

where a conversation between friends is really a test of what friendship means.

And when you're together with those you don't know so well. Control. A certain candor
       is all right

just don't take your eyes off whatever's wandering the edges of the conversation: something
       dark, a dark stain.

Something that can drift in

and destroy everything. Don't take your eyes off it!

What can it be compared to? A mine?

No, that would be too stable. And almost too peaceful—since on our coast most of the stories
       about mines have a happy ending, the terror time-limited.

Som i den här historien från fyrskeppet: "Hösten 1915 sov man oroligt . . ." etc. En drivmina
    siktades
när den driv mot fyrskeppet sakta, den sänktes och hävdes, ibland skymd av sjöarna, ibland
    framskymtande som en spion i en folkmassa.
Besättningen låg i ångest och sköt på den med gevär. Förgäves. Till sist satte man ut en båt
och gjorde fast en lång lina vid minan och bogserade den varsamt och länge in till experterna.
Efteråt ställde man upp minans mörka skal i en sandig plantering som prydnad
tillsammans med skalen av Strombus gigas från Västindien.

Och havsblåsten går i de torra tallarna längre bort, den har bråttom över kyrkogårdens sand,
förbi stenarna som lutar, lotsarnas namn.
Det torra suset
av stora portar som öppnas och stora portar som stängs.

Like in this account from the lightship: "The fall of 1915 we slept uneasily . . ." etc. A drifting
     mine was sighted
as it floated slowly toward the lightship, falling and rising, at times concealed by the swells, at
     times glimpsed like a spy in a crowd.
The anguished crew shot at it with rifles. To no avail. In the end, someone launched a boat,
secured a longline to the mine and cautiously towed it all the way in to the experts.
Afterwards, they set the mine's dark shell in a park's sandy garden as an ornament
together with shells of *Strombus gigas* from the West Indies.

And the sea-wind enters the dry pines farther away, hurrying over the cemetery's sand,
past the leaning stones, the pilots' names.
The dry sighing
of giant doors opening and giant doors closing.

III

I den gotländska kyrkans halvmörka hörn, i en dager av mild mögel
står en dopfunt av sandsten—1100-tal—stenhuggarens namn
är kvar, framlysande
som en tandrad i en massgrav:
                    HEGWALDR
                            namnet kvar. Och hans bilder
här och på andra krukors väggar, människomyller, gestalter på väg ut ur stenen.
Ögonens kärnor av ondska och godhet spränger där.
Herodes vid bordet: den stekta tuppen flyger upp och gal "Christus natus est"—servitören
        avrättades—
intill föds barnet, under klungor av ansikten värdiga och hjälplösa som apungars.
Och de frommas flyende steg
ekande över drakfjälliga avloppstrummors gap.
(Bilderna starkare i minnet än när man ser dem direkt, starkast
när funten snurrar i en långsam mullrande karusell i minnet.)
Ingenstans lä. Överallt risk.
Som det var. Som det är.
Bara därinnanför finns frid, i krukans vatten som ingen ser,
men på ytterväggarna rasar kampen.
Och friden kan komma droppvis, kanske om natten
när vi ingenting vet,
eller som när man ligger på dropp i en sal på sjukhuset.

Människor, bestar, ornament.
Det finns inget landskap. Ornament.

Mr B***, min reskamrat, älskvärd, i landsflykt,
frisläppt från Robben Island, säger:
"Jag avundas er. Jag känner inget för naturen.
Men *människor i landskap*, det säger mig något."

III

In a half-dark corner of the Gotland church, in a softly mildewed light,
there's a sandstone baptismal font—12th-century—the stonecutter's name
still there, shining forth
like a row of teeth in a mass grave:

HEGWALDR

his name remains. And his images
here and on the sides of other urns, crowds of people, figures on their way out of the stone.
The eyes' seeds of evil and goodness burst open there.
Herod at the table: the roasted capon flying up and crowing "Christus natus est"—the servant
        was put to death—
next to the child being born, under clusters of faces as dignified and helpless as young apes.
And the fleeing steps of the pious
echoing over the dragon-scaled mouths of sewers.
(The images stronger in memory than when you see them directly, strongest
when the font spins in the slow rumbling carousel of the mind.)
Nowhere the lee side. Everywhere risk.
As it was. As it is.
The only peace is inside there, in the vessel's water that no one sees,
but on the outer walls the battle rages.
And peace can come drop by drop, perhaps at night
when we don't know anything,
or like when you're lying in a hospital room on an IV drip.

People, beasts, ornaments.
There is no landscape. Ornament.

Mr. B, my affable travel companion, in exile,
released from Robben Island, says:
"I envy you. I feel nothing for nature.
But *people in a landscape,* that speaks to me."

Här är människor i landskap.

Ett foto från 1865. Ångslupen ligger vid bryggan i sundet.

Fem figurer. En dam i ljus krinolin, som en bjällra, som en blomma.

Karlarna liknar statister i en allmogepjäs.

Alla är vackra, tveksamma, på väg att suddas ut.

De stiger iland en kort stund. De suddas ut.

Ångslupen av utdöd modell—

en hög skorsten, soltak, smalt skrov—

den är fullkomligt främmande, en UFO som landat.

Allt det andra på fotot är chockerande verkligt:

krusningarna på vattnet,

den andra stranden—

jag kan stryka med handen över de skrovliga berghällarna,

jag kan höra suset i granarna.

Det är nära. Det är

idag.

Vågorna är aktuella.

Nu, hundra år senare. Vågorna kommer in från no man's water

och slår mot stenarna.

Jag går längs stranden. Det är inte som det var att gå längs stranden.

Man måste gapa över för mycket, föra många samtal på en gång, man har tunna väggar.

Varje ting har fått en ny skugga bakom den vanliga skuggan

och man hör den släpa också när det är alldeles mörkt.

Det är natt.

Det strategiska planetariet vrider sig. Linserna stirrar i mörkret.

Natthimlen är full av siffror, och de matas in

i ett blinkande skåp,

en möbel

Here are people in a landscape.
A photo from 1865. The steamer's at the pier in the sound.
Five figures. A lady in pale crinoline, like a small bell, like a flower.
The guys resemble extras in an old peasant play.
They're all beautiful, uncertain, on the verge of fading out.
They step ashore for a moment. They fade out.
The steamer's an obsolete model—
tall smokestack, sunroof, narrow hull—
it's utterly strange, a UFO that's landed.
Everything else in the photo is shockingly real:
the ripples on the water,
the opposite shore—
I can run my hand across the rugged rock face,
I can hear the sighing in the spruce.
It's close. It's
today.
The waves are up-to-date.

Now, one hundred years later. The waves come in from no-man's-water
and pound against the stones.
I walk along the shore. It's not like it used to be to walk along the shore.
You have too much to take in, too many conversations at once, you have thin walls.
Each thing has acquired a new shadow behind the usual shadow
and you hear it dragging along even when it's totally dark.

It's night.

The strategic planetarium rotates. The lenses stare into the darkness.
The night sky is full of numbers, and they're fed in
to a twinkling cabinet,
a piece of furniture

där det bor energin hos en gräshoppssvärm som kaläter tunnland av Somalias jord på en
halvtimma.

Jag vet inte om vi är i begynnelsen eller sista stadiet.
Sammanfattningen kan inte göras, sammanfattningen är omöjlig.
Sammanfattningen är alrunan—
(se uppslagsboken för vidskepelser:

ALRUNA

undergörande växt

som gav ifrån sig ett så ohyggligt skrik när den slets upp ur jorden
att man föll död ner. Hunden fick göra det . . .)

housing the energy of a locust swarm stripping acres of Somalia's land bare in
    half an hour.

I don't know whether we're at the beginning or in the final stage.
A synopsis can't be given, a synopsis is impossible.
The synopsis is the mandrake—
(see the reference book of superstitions:

MANDRAKE

miraculous plant

that would give such a horrendous shriek when it was pulled out of the ground
the person would drop dead. A dog had to do it . . .)

IV

Från läsidan,
närbilder.

Blåstång. I det klara vattnet lyser tångskogarna, de är unga, man vill emigrera dit, lägga sig
raklång på sin spegelbild och sjunka till ett visst djup—tången som håller sig uppe med
luftblåsor, som vi håller oss uppe med idéer.

Hornsimpa. Fisken som är paddan som ville bli fjäril och lyckas till en tredjedel, gömmer sig i
sjögräset men dras upp med näten, fasthakad med sina patetiska taggar och vårtor—när
man trasslar loss den ur nätmaskorna blir händerna skimrande av slem.

Berghällen. Ute på de solvarma lavarna kilar småkrypen, de har bråttom som sekundvisare—
tallen kastar en skugga, den vandrar sakta som en timvisare—inne i mig står tiden stilla,
oändligt med tid, den tid som behövs för att glömma alla språk och uppfinna perpetuum
mobile.

På läsidan kan man höra gräset växa: ett svagt trummande underifrån, ett svagt dån av
miljontals små gaslågor, så är det att höra gräset växa.

Och nu: vattenvidden, utan dörrar, den öppna gränsen
som växer sig allt bredare
ju längre man sträcker sig ut.

Det finns dagar då Östersjön är ett stilla oändligt tak.
Dröm då naivt om någonting som kommer krypande på taket och försöker reda ut flagglinorna,
försöker få upp
trasan—

flaggan som är så gnuggad av blåsten och rökt av skorstenarna och blekt av solen att den kan
vara allas.

Men det är långt till Liepāja.

IV

From the lee side,
close-ups.

Bladderwrack. In the clear water the seaweed-forests shine, they're young, you want to
emigrate there, lie stretched out on your reflection and sink to a certain depth—the
seaweed that holds itself up with air bubbles, like we hold ourselves up with ideas.

Bullhead. The fish that's a toad who wanted to be a butterfly and made it a third of the way,
hides in the sea grass but is drawn up in the nets, hooked by its pathetic spines and
warts—when you untangle it from the mesh your hands gleam with slime.

Rock Slab. Out on the sun-warmed lichens insects dash, they're in a rush like second-hands—
the pine casts a shadow, it wanders slowly like an hour-hand—inside me time stands still,
infinite time, the time it takes to forget every language and invent perpetual motion.

On the lee side you can hear the grass growing: a faint drumming from below, the faint
rumbling of a million small gas flames, that's how it is to hear the grass grow.

And now: the water's expanse, without doors, the open border
that grows broader and broader
the further you stretch out.

There are days when the Baltic's a calm endless roof.
Dream naively, then, about something that crawls out on the roof and tries to untangle the
flag-lines,
tries to raise up
the rag—

the flag that's so tattered by wind and blackened by the smokestack and faded by sun, it can be
everyone's.

But it's a long way to Liepāja.

V

30 juli. Fjärden har blivit excentrisk – idag vimlar maneterna för första gången på åratal, de pumpar sig fram lugnt och skonsamt, de hör till samma rederi: AURELIA, de driver som blommor efter en havsbegravning, tar man upp dem ur vattnet försvinner all form hos dem, som när en obeskrivlig sanning lyfts upp ur tystnaden och formuleras till död gelé, ja de är oöversättliga, de måste stanna i sitt element.

2 augusti. Någonting vill bli sagt men orden går inte med på det.
Någonting som inte kan sägas,
afasi,
det finns inga ord men kanske en stil . . .

Det händer att man vaknar om natten
och kastar ner några ord snabbt
på närmaste papper, på kanten av en tidning
(orden strålar av mening!)
men på morgonen: samma ord säger ingenting längre, klotter, felsägningar.
Eller fragment av den stora nattliga stilen som drog förbi?

Musiken kommer till en människa, han är tonsättare, spelas, gör karriär, blir chef för
        konservatoriet.
Konjunkturen vänder, han fördöms av myndigheterna.
Som huvudåklagare sätter man upp hans elev K***.
Han hotas, degraderas, förpassas.
Efter några år minskar onåden, han återupprättas.
Då kommer hjärnblödningen: högersidig förlamning med afasi, kan bara uppfatta korta
        fraser, säger fel ord.
Kan alltså inte nås av upphöjelse eller fördömanden.
Men musiken finns kvar, han komponerar fortfarande i sin egen stil,
han blir en medicinsk sensation den tid han har kvar att leva.

Han skrev musik till texter han inte längre förstod—
på samma sätt

V

July 30th. The bay has become eccentric—today jellyfish are swarming for the first time in
        years, they pump themselves calmly and gently forward, they belong to the same shipping
        company: AURELIA, they drift like flowers after a sea burial, if you take them out of the water
        their entire form disappears, like when an unspeakable truth is lifted up out of the silence
        and expressed as lifeless gel, yes, they're untranslatable, they must stay in their own element.

August 2nd. Something wants to be said but the words don't agree.
Something that can't be spoken,
aphasia,
there are no words but maybe a style . . .

You might wake up during the night
and quickly throw some words down
on the nearest paper, in the margins of the news
(the words radiant with meaning!)
but in the morning: the same words don't say anything, scribbles, slips of the tongue.
Or fragments of the great nightly writing that drew past?

Music comes to a person, he's a composer, performs, makes a career, becomes director of the
        conservatory.
The fiscal trend declines, he's condemned by the authorities.
They set up his student K as the head prosecutor.
He's threatened, demoted, sent away.
After a few years, the disgrace lessens, he's reinstated.
Then the cerebral hemorrhage: right-sided paralysis with aphasia, can only grasp short
        phrases, says the wrong words.
He's therefore beyond the reach of advancement or blame.
But the music's still there, he continues to compose in his own style,
becomes a medical sensation in the time he has left to live.

He wrote music to lyrics he no longer understood—
in the same way

uttrycker vi något med våra liv
i den nynnande kören av felsägningar.

Dödsföreläsningarna pågick flera terminer. Jag var närvarande
tillsammans med kamrater som jag inte kände
(vilka är ni?)
—efteråt gick var och en till sitt, profiler.

Jag såg mot himlen och mot marken och rakt fram
och skriver sen dess ett långt brev till de döda
på en maskin som inte har färgband bara en horisontstrimma
så orden bultar förgäves och ingenting fastnar.

Jag står med handen på dörrhandtaget, tar pulsen på huset.
Väggarna är så fulla av liv
(barnen vågar inte sova ensamma uppe på kammarn—det som gör mig trygg gör
        dem oroliga).

3 augusti. Där ute i det fuktiga gräset
hasar en hälsning från medeltiden: vinbergssnäckan
den subtilt grågulglimmande snigeln med sitt hus på svaj,
inplanterad av munkar som tyckte om *escargots*—ja franciskanerna var här,
bröt sten och brände kalk, ön blev deras 1288, donation av kung Magnus
("Tessa almoso ok andra slika / the möta honom nw i hymmerike")
skogen föll, ugnarna brann, kalken seglades in
till klosterbyggena . . .
                Syster snigel
står nästan stilla i gräset, känselspröten sugs in
och rullas ut, störningar och tveksamhet . . .
Vad den liknar mig själv i mitt sökande!

we express something about our lives
in the humming chorus of misspoken words.

The Death lectures lasted for several terms. I was present
together with classmates I didn't know
(who are you?)
—afterwards everyone went their own way, profiles.

I looked to the sky and to the ground and straight ahead
and since then have been writing a long letter to the dead
on a typewriter that has no ribbon, just a thread of horizon
so the words knock in vain and nothing sticks.

I stand with my hand on the doorknob, taking the pulse of the house.
The walls are so full of life
(the children don't dare sleep alone in the upstairs guestroom—what makes me feel secure
        makes them uneasy).

August 3rd. Out there in the damp grass
a greeting from the Middle Ages slides past: *Helix pomatia,*
the subtly glistening gray-yellow snail with its house askew,
introduced by monks who loved *escargots*—yes, the Franciscans were here,
broke stone and burned lime, the island was theirs in 1288, a gift from King Magnus
("Thes almesse and othere suche / thei meeten him nu in hevenriche"),
the forest fell, the kilns burned, the lime was sailed in
to build the monastery . . .
                Sister snail
stands nearly still in the grass, tentacles sucking in
and rolling out, disturbances and hesitation . . .
How it resembles me in my searching!

Vinden som blåst så noga hela dagen
—på de yttersta kobbarna är stråna allesammans räknade—
har lagt sig ner stilla inne på ön. Tändstickslågan står rak.
Marinmålningen och skogsmålningen mörknar tillsammans.
Också femvåningsträdens grönska blir svart.
"Varje sommar är den sista." Det är tomma ord
för varelserna i sensommarmidnatten
där syrsorna syr på maskin som besatta
och Östersjön är nära
och den ensamma vattenkranen reser sig bland törnrosbuskarna
som en ryttarstaty. Vattnet smakar järn.

The wind that blew so carefully all day
—on the outermost isles every blade of grass is counted—
has quietly lain down in the inner island. The match-flame stands straight.
The sea painting and the forest painting darken together.
The greenness of the five-story-trees also turns black.
"Every summer is the last." These are empty words
for the creatures of late summer midnight
where crickets sew on their machines as if possessed
and the Baltic is close
and the lonely water faucet rises up from the briar roses
like an equestrian statue. The water tastes of iron.

Mormors historia innan den glöms: hennes föräldrar dör unga,

fadern först. När änkan känner att sjukdomen ska ta också henne

går hon från hus till hus, seglar från ö till ö

med sin dotter. "Vem kan ta hand om Maria!" Ett främmande hus

på andra sidan fjärden tar emot. Där har de råd.

Men de som hade råd var inte de goda. Fromhetens mask spricker.

Marias barndom tar slut i förtid, hon går som piga utan lön

i en ständig köld. Många år. Den ständiga sjösjukan

under de långa rodderna, den högtidliga terrorn

vid bordet, minerna, gäddskinnet som knastrar

i munnen: var tacksam, var tacksam.

                                 Hon såg sig aldrig tillbaka

men just därför kunde hon se Det Nya

och gripa tag i det.

Bort ur inringningen!

Jag minns henne. Jag tryckte mig mot henne

och i dödsögonblicket (övergångsögonblicket?) sände hon ut en tanke

så att jag—femåringen—förstod vad som hänt

en halvtimme innan de ringde.

Jag minns henne. Med på nästa bruna foto

är den okände—

dateras enligt kläderna till förra seklets mitt.

En man omkring trettio: de kraftiga ögonbrynen,

ansiktet som ser mig rätt in i ögonen

och viskar: "här är jag".

Men vem "jag" är

finns det inte längre någon som minns. Ingen.

TBC? Isolering?

Grandmother's story before it's forgotten: her parents die young,
father first. When the widow realizes the illness will take her too,
she walks from house to house, sails from island to island
with her daughter. "Who will take care of Maria!" A strange house
on the other side of the bay accepts. Where they can afford it.
But those who could afford it weren't the good ones. The mask of piety cracks.
Maria's childhood ends abruptly, she works like a servant without pay
in the relentless cold. For many years. The relentless seasickness
during the long stretches of rowing, the solemn terror
at the table, the looks, the pike skin crunching
in her mouth: be thankful, be thankful.
                         She never looked back
but because of this she could see The New
and take hold of it.
Get out of the encirclement!

I remember her. I'd nestle up to her
and at the moment of death (the moment of crossing-over?) she sent out a thought
so that I—a five-year-old—understood what had happened
half an hour before they phoned.

I remember her. But in the next brown photo
there's the unknown man—
dated by his clothing to the middle of last century.
A man in his thirties: the heavy eyebrows,
the face that looks me straight in the eye
and whispers: "Here I am."
But who "I" am
is no longer someone that's remembered. No one.

TB? Isolation?

En gång stannade han
i den steniga gräsångande backen från sjön
och kände den svarta bindeln för ögonen.

Här, bakom täta snår—är det öns äldsta hus?
Den låga knuttimrade 200-åriga sjöboden med gråraggigt tungt trä.
Och det moderna mässingslåset har klickat igen om alltsammans, lyser som ringen i nosen på
        en gammal tjur
som vägrar att resa sig.
Så mycket hopkurat trä. På taket de uråldriga tegelpannorna som rasat kors och tvärs på varann
(det ursprungliga mönstret rubbat av jordens rotation genom åren)
det påminner om något . . . jag var där . . . vänta: det är den gamla judiska kyrkogården i Prag
där de döda lever tätare än i livet, stenarna tätt tätt.
Så mycket inringad kärlek! Tegelpannorna med lavarnas skrivtecken på ett okänt språk
är stenarna på skärgårdsfolkets ghettokyrkogård, stenarna uppresta och hoprasade.—
Rucklet lyser
av alla dem som fördes av en viss våg, av en viss vind
hit ut till sina öden.

One time he stopped
on the stony grass-steaming slope up from the sea
and felt the black blindfold over his eyes.

Here, behind the dense brush—is this the island's oldest house?
The squat 200-year-old log fishing hut with heavy, gray, rough-hewn timbers.
And the modern brass lock that's clicked it all shut, shines like the ring in the nose of an old
       bull
who refuses to get up.
So much huddling wood. On the roof, ancient tiles collapsed into each other every-which-way
(the original pattern disturbed by earth's rotation through the years)
remind me of something . . . I was there . . . wait: it's the old Jewish graveyard in Prague
where the dead live closer together than they did in life, the stones close close.
So much encircled love! The roofing tiles with lichens' script written in an unknown tongue
are the stones in the archipelago folks' ghetto-graveyard, the stones raised up and toppled—
The hovel shines
with all those who were carried by a certain wave, by a certain wind
out here to their fates.

III

1978–1983

ÖVERGÅNGSSTÄLLET

Isblåst mot ögonen och solarna dansar
i tårarnas kaleidoskop när jag korsar
gatan som följt mig så länge, gatan
där grönlandssommaren lyser ur pölarna.

Omkring mig svärmar gatans hela kraft
som ingenting minns och ingenting vill.
I marken djupt under trafiken väntar
den ofödda skogen stilla i tusen år.

Jag får den idén att gatan ser mig.
Dess blick är så skum att solen själv
blir ett grått nystan i en svart rymd.
Men just nu lyser jag! Gatan ser mig.

THE CROSSING PLACE

An icy wind in my eyes and the suns dance
inside a kaleidoscope of tears as I cross
the street I've followed for so long, the street
where Greenland's summer shines up from the puddles.

Swarming around me, the street's full power,
without memory or purpose.
Deep in the ground under the traffic
the unborn forest quietly waits for a thousand years.

I have this idea the street can see me.
Its sight is so dull that the sun itself
is a gray ball of wool in a black sky.
But right now I shine! The street sees me.

GALLERIET

Jag låg över på ett motell vid E3.
I mitt rum där fanns en lukt som jag känt förut
bland de asiatiska samlingarna på ett museum:

masker tibetanska japanska mot en ljus vägg.

Men det är inte masker nu utan ansikten

som tränger fram genom glömskans vita vägg
för att andas, för att fråga om något.
Jag ligger vaken och ser dem kämpa
och försvinna och återkomma.

Några lånar drag av varann, byter ansikten
långt inne i mig
där glömska och minne bedriver sin kohandel.

De tränger fram genom glömskans övermålning
den vita väggen
de försvinner och återkommer.

Här finns en sorg som inte kallar sig så.

Välkommen till de autentiska gallerierna!
Välkommen till de autentiska galärerna!
De autentiska gallren!

Karatepojken som slog en människa lam
drömmer fortfarande om snabba vinster.

THE GALLERY

I spent the night at a motel by E3.
In my room there was a smell I'd sensed before
among the Asiatic collections in a museum:

masks Tibetan Japanese against a bright wall.

But it isn't masks now, it's faces

pushing through oblivion's white walls
to breathe, to ask for something.
I lie awake and watch as they struggle
and disappear and come back.

Some borrow features from each other, exchanging faces
deep inside of me
where oblivion and memory manage their trade-offs.

They push through oblivion's second-coat
the white wall
they disappear and come back.

Here is a sorrow that doesn't call itself one.

Welcome to the authentic galleries!
Welcome to the authentic galleys!
The authentic grates!

The karate kid who paralyzed a man
still dreams about quick profits.

Den här kvinnan köper och köper saker
för att kasta i gapet på tomrummen
som smyger bakom henne.

Herr X vågar inte lämna sin våning.
Ett mörkt staket av mångtydiga människor
står mellan honom
och den ständigt bortrullande horisonten.

Hon som en gång flydde från Karelen
hon som kunde skratta ...
nu visar hon sig
men stum, försenad, en staty från Sumer.

Som när jag var tio år och kom sent hem.
I trappuppgången slocknade lamporna
men hissen där jag stod lyste, och hissen steg
som en dykarklocka genom svarta djup
våning för våning medan inbillade ansikten
tryckte sig mot gallret ...

Men det är inte inbillade ansikten nu utan verkliga.

Jag ligger utsträckt som en tvärgata.

Många stiger fram ur den vita dimman.
Vi rörde vid varann en gång, verkligen!

En lång ljus korridor som luktar karbol.
Rullstolen. Tonårsflickan
som lär sig tala efter bilkraschen.

This woman buys and buys things
to toss into the jaws of the emptiness
that slinks behind her.

Mr. X doesn't dare leave his apartment.
A dark fence of ambiguous people
stands between him
and the steadily receding horizon.

She who once fled from Karelia
she who knew how to laugh . . .
now she appears
but mute, petrified, a statue from Sumer.

Like when I was ten years old and came home late.
In the stairwell the lamps had gone out
but the elevator I stood in was lit, and it climbed
like a diving bell through black depths
floor by floor while imaginary faces
pressed against the grates . . .

It isn't imaginary faces now, but real ones.

I lie stretched out like a cross-street.

Many emerge from the white haze.
We touched each other once, really!

A long bright corridor that smells of phenol.
The wheelchair. The teenage girl
who learns to speak after the car crash.

Han som försökte ropa under vattnet
och världens kalla massa trängde in
genom näsa och mun.

Röster i mikrofonen sa: Fart är makt
fart är makt!
Spela spelet, the show must go on!

I karriären rör vi oss stelt steg för steg
som i ett no-spel
med masker, skrikande sång: Jag, det är Jag!
Den som slogs ut
representerades av en hoprullad filt.

En konstnär sa: Förr var jag en planet
med en egen tät atmosfär.
Strålarna utifrån bröts där till regnbågar.
Ständiga åskväder rasade inom, inom.

Nu är jag slocknad och torr och öppen.
Jag saknar numera barnslig energi.
Jag har en het sida och en kall sida.

Inga regnbågar.

Jag låg över i det lyhörda huset.
Många vill komma in där genom väggarna
men de flesta tar sig inte ända fram:

de överröstas av glömskans vita brus.

He who tried to cry out under water
and the world's cold mass rushed in
through his nose and mouth.

Voices in the microphone said: Speed is power
speed is power!
Play the game, the show must go on!

We move through our career stiffly, step by step
like in a Noh play
with masks, shrieking song: Me, it's Me!
Whoever's defeated
is represented by a rolled-up blanket.

An artist said: I used to be a planet
with my own dense atmosphere.
Incoming rays were refracted into rainbows.
Continuous thunderstorms raged within, within.

Now I'm burnt-out and dry and open.
I no longer have childlike energy.
I have a hot side and a cold side.

No rainbows.

I spent the night in the thin-skinned house.
Many want to come in there through the walls
but most don't make it all the way:

they're overcome by the white noise of oblivion.

Anonym sång drunknar i väggarna.
Försynta knackningar som inte vill höras
utdragna suckar
mina gamla repliker som kryper hemlösa.

Hör samhällets mekaniska självförebråelser
stora fläktens röst
som den konstgjorda blåsten i gruvgångarna
sexhundra meter nere.

Våra ögon står vidöppna under bandagen.

Om jag åtminstone kunde få dem att känna
att den här skälvningen under oss
betyder att vi är på en bro . . .

Ofta måste jag stå alldeles orörlig.
Jag är knivkastarens partner på cirkus!
Frågor jag slängt ifrån mig i raseri
kommer vinande tillbaka

träffar inte men naglar fast min kontur
i grova drag
sitter kvar när jag har gått från platsen.

Ofta måste jag tiga. Frivilligt!
Därför att "sista ordet" sägs gång på gång.
Därför att goddag och adjö . . .
Därför att den dag som idag är . . .

Därför att marginalerna stiger till sist
över sina bräddar
och översvämmar texten.

Anonymous singing drowns in the walls.
Discreet knocking that doesn't want to be heard
drawn-out sighs
my old replies crawling along homelessly.

Listen to society's mechanical self-reproach
the voice of the large fan
like the artificial wind in mineshafts
six hundred meters down.

Our eyes stay wide-open under the bandages.

If I could at least get them to feel
that this trembling beneath us
means we're on a bridge . . .

Often I must stand perfectly still.
I'm the knife-thrower's partner at a circus!
Questions I've hurled from myself in a fury
come howling back

not hitting me but nailed to my contour
in a rough outline
that's still there after I've left the scene.

Often I must keep quiet. Willingly!
Because "the last word" is said again and again.
Because good-day and good-bye . . .
Because that day is today . . .

Because in the end, the margins will rise
over their banks
and flood the text.

Jag låg över på sömngångarnas motell.
Många ansikten härinne är förtvivlade
andra utslätade
efter pilgrimsvandringarna genom glömskan.

De andas försvinner kämpar sig tillbaka
de ser förbi mig
de vill alla fram till rättvisans ikon.

Det hander men sällan
att en av oss verkligen ser den andre:

ett ögonblick visar sig en människa
som på ett fotografi men klarare
och i bakgrunden
någonting som är större än hans skugga.

Han står i helfigur framför ett berg.
Det är mera ett snigelskal än ett berg.
Det är mera ett hus än ett snigelskal.
Det är inte ett hus men har många rum.
Det är otydligt men överväldigande.
Han växer fram ur det, och det ur honom.
Det är hans liv, det är hans labyrint.

I spent the night at the sleepwalkers' motel.
Many faces in here are desperate
others made smooth
by their pilgrimages through oblivion.

They breathe disappear fight their way back
they look past me
they all want to reach the icon of justice.

It happens though rarely
that one of us really sees the other:

a moment when a person shows himself
like in a photograph but more clearly
and in the background
something that's larger than his shadow.

He stands full-length before a mountain.
It's more a snail shell than a mountain.
It's more a house than a snail shell.
It isn't a house but has many rooms.
It's indistinct but overwhelming.
He grows out from it, and it from him.
It's his life, it's his labyrinth.

KORT PAUS I ORGELKONSERTEN

Orgeln slutar att spela och det blir dödstyst i kyrkan men bara ett par sekunder.
Så tränger det svaga brummandet igenom från trafiken därute, den större orgeln.

Ja vi är omslutna av trafikens mumlande som vandrar runt längs domkyrkans väggar.
Där glider yttervärlden som en genomskinlig film och med kämpande skuggor i pianissimo.

Som om den ingick bland ljuden från gatan hör jag en av mina pulsar slå i tystnaden,
jag hör mitt blod kretsa, kaskaden som gömmer sig inne i mig, som jag går omkring med,

och lika nära som mitt blod och lika långt borta som ett minne från fyraårsåldern
hör jag långtradaren som går förbi och får de sexhundraåriga murarna att darra.

Här är så olikt en modersfamn som någonting kan bli, ändå är jag ett barn just nu
som hör de vuxna prata långt borta, vinnarnas och förlorarnas röster flyter ihop.

På de blå bänkarna sitter en gles församling. Och pelarna reser sig som underliga träd:
inga rötter (bara det gemensamma golvet) och ingen krona (bara det gemensamma taket).

Jag återupplever en dröm. Att jag står på en kyrkogård ensam. Överallt lyser ljung
så långt ögat når. Vem väntar jag på? En vän. Varför kommer han inte? Han är redan här.

Sakta skruvar döden upp ljuset underifrån, från marken. Heden lyser allt starkare lila—
nej i en färg som ingen sett . . . tills morgonens bleka ljus viner in genom ögonlocken

och jag vaknar till det där orubbliga KANSKE som bär mig genom den vacklande världen.
Och varje abstrakt bild av världen är lika omöjligt som ritningen till en storm.

Hemma stod allvetande Encyklopedin, en meter i bokhyllan, jag lärde mig läsa i den.
Men varje människa får sin egen encyklopedi skriven, den växer fram i varje själ,

BRIEF PAUSE IN THE ORGAN RECITAL

The organ stops playing and it's dead-quiet in the church, but just for a couple of seconds.
Then a faint rumbling forces its way through from the traffic out there, the larger organ.

Yes, we're surrounded by the traffic's mumbling as it drifts around the cathedral walls.
Where the outer world glides by like a transparent film and with shadows struggling in pianissimo.

It's as if, among the street sounds, I can hear one of my own pulses beating in the silence,
hear my blood circulate, the torrent hiding inside of me, that I walk around with,

and as near as my blood and as far away as a memory from four years old,
I hear the tractor-trailer driving past that's making these six-hundred-year-old walls shake.

This place is as unlike a mother's embrace as anything can be, yet I'm a child right now
who hears the grown-ups talking far away, voices of the winners and losers blending into one.

On the blue benches, a sparse congregation. And the pillars rise like bizarre trees:
no roots (only the communal floor) and no crown (only the communal roof).

I'm reliving a dream. Where I stand in a cemetery alone. The heather shines
as far as the eye can see. Who am I waiting for? A friend. Why isn't he coming? He's already here.

Slowly death turns up the light underneath, from the ground. The heath shines an even
      brighter mauve—
no, a color no one has seen . . . until the morning's pale light wings in through my eyelids

and I wake to the adamant PERHAPS that carries me through the faltering world.
And every abstract picture of the world is as impossible as the blueprint of a storm.

At home the omniscient Encyclopedia stood, a yard of bookshelf. I learned to read in it.
But every person has their own encyclopedia written, which grows out from each soul,

den skrivs från födelsen och framåt, de hundratusentals sidorna står pressade mot varann och ändå med luft emellan! som de dallrande löven i en skog. Motsägelsernas bok.

Det som står där ändras varje stund, bilderna retuscherar sig själva, orden flimrar. En svallvåg rullar genom hela texten, den följs av nästa svallvåg, och nästa . . .

composed from birth onward, hundreds of thousands of pages pressing into each other and yet there's air between them! Like trembling leaves in a forest. A book of contradictions.

What's in there is revised by the moment, the images touch themselves up, the words flicker. A wave washes through the entire text, followed by the next wave, and the next . . .

FRÅN MARS –79

Trött på alla som kommer med ord, ord men inget språk
for jag till den snötäckta ön.
Det vilda har inga ord.
De oskrivna sidorna breder ut sig åt alla håll!
Jag stöter på spåren av rådjursklövar i snön.
Språk men inga ord.

FROM MARCH OF '79

Tired of all who come with words, words but no language,
I headed for the snow-covered island.
The wild has no words.
Unwritten pages spread out in every direction!
I come upon tracks of roe deer in the snow.
Language but no words.

MINNENA SER MIG

En junimorgon då det är för tidigt
att vakna men för sent att somna om.

Jag måste ut i grönskan som är fullsatt
av minnen, och de följer mig med blicken.

De syns inte, de smälter helt ihop
med bakgrunden, perfekta kameleonter.

De är så nära att jag hör dem andas
fast fågelsången är bedövande.

MEMORIES WATCH ME

A June morning when it's too early
to wake but too late to fall back asleep.

I must go out into the greenness that's filled
with memories, and they follow me with their gaze.

They can't be seen, they blend completely in
with the background, perfect chameleons.

They're so near I can hear them breathing
even though the birdsong is deafening.

VINTERNS BLICK

Jag lutar som en stege och når in
med ansiktet i körsbärsträdets första våning.
Jag är inne i färgernas klocka som ringer av sol.
De svartröda bären gör jag slut på fortare än fyra skator.

Då träffas jag plötsligt av kylan från långt håll.
Ögonblicket svartnar
och sitter kvar som yxans märke i en stam.

Från och med nu är de sent. Vi ger oss av halvspringande
utom synhåll, ner, ner i det antika kloaksystemet.
Tunnlarna. Där vandrar vi i månader,
halvt i tjänst och halvt på flykt.

Kort andakt när någon lucka öppnar sig över oss
och ett svagt ljus faller.
Vi ser uppåt: stjärnhimlen genom avloppsgallret.

WINTER'S GLANCE

I lean like a ladder and reach
with my face into the cherry tree's first floor.
I'm inside the bell of color that rings with sun.
The black-red berries I polish off faster than four magpies.

Then suddenly I'm struck by a chill from far away.
The moment darkens
and remains like an ax-scar on a trunk.

From now on it's late. We take off half-running
out of sight, down, down into the ancient sewer system.
The tunnels. Where we wander for months,
half out of duty and half in flight.

Brief prayer when some hatch opens over us
and a weak light falls in.
We look up: the starry sky through a drainage grate.

STATIONEN

Ett tåg har rullat in. Här står vagn efter vagn,
men inga dörrar öppnas, ingen går av eller på.
Finns några dörrar ens? Därinne vimlar det
av instängda människor som rör sig av och an.
De stirrar ut genom de orubbliga fönstren.
Och ute går en man längs tåget med en slägga.
Han slår på hjulen, det klämtar svagt. Utom just här!
Här sväller klangen ofattbart: ett åsknedslag,
en domkyrkoklockklang, en världsomseglarklang
som lyfter hela tåget och nejdens våta stenar.
Allt sjunger. Ni ska minnas det. Res vidare!

THE STATION

A train has rolled in. Car after car stands here,
but no doors are opening, no one's getting off or on.
Are there any doors at all? Inside, it's teeming
with closed-in people milling back and forth.
They're staring out through the unyielding windows.
And outside, a man walks along the train with a maul.
He's hitting the wheels, a faint ringing. Except right here!
Here the sound swells unbelievably: a lightningstroke,
a cathedral bell tolling, a round-the-world sound
that lifts the whole train and the region's wet stones.
Everything's singing! You'll remember this. Travel on!

ELDKLOTTER

Under de dystra månaderna gnistrade mitt liv till bara när jag älskade med dig.
Som eldflugan tänds och slocknar, tänds och slocknar–glimtvis kan man följa dess väg
i nattmörkret mellan olivträden.

Under de dystra månaderna satt själen hopsjunken och livlös
men kroppen gick raka vägen till dig.
Natthimlen råmade.
Vi tjuvmjölkade kosmos och överlevde.

FIRE SCRIBBLES

During the dismal months, I sparked to life only when I made love with you.
As the firefly lights and fades out, lights and fades—in glimpses we trace its flight
through the dark night among the olive trees.

During the dismal months, my soul sat shrunken and lifeless
but my body took the straight road to you.
The night-sky lowed.
We secretly milked the cosmos and survived.

IV

1989

DEN BORTGLÖMDE KAPTENEN

Vi har många skuggor. Jag var på väg hem
i septembernatten då Y
klev upp ur sin grav efter fyrti år
och gjorde mig sällskap.

Först var han alldeles tom, bara ett namn
men hans tankar sam
fortare än tiden rann
och hann upp oss.

Jag satte hans ögon till mina ögon
och såg krigets hav.
Den sista båten han förde
växte fram under oss.

Framför och bakom kröp atlantkonvojens fartyg
de som skulle överleva
och de som fått Märket
(osynligt för alla)

medan sömnlösa dygn avlöste varann
men aldrig honom—
flytvästen satt under oljerocken.
Han kom aldrig hem.

Det var en invärtes gråt som förblödde honom
på ett sjukhus i Cardiff.
Han fick äntligen lägga sig ner
och förvandlas till horisont.

THE FORGOTTEN CAPTAIN

We have many shadows. I was on my way home
one September night when Y
climbed out of his grave after forty years
and kept me company.

At first he was completely blank, just a name
but his thoughts swam
faster than time ran
and caught up to us.

I put his eyes into my eyes
and saw the war's sea.
The last boat he commanded
rose up from under us.

Ahead and behind the Atlantic convoy crept,
those who would survive
and those who'd been given The Mark
(invisible to all),

while the sleepless hours relieved each other
but never him—
the life vest snug under his oilskin coat.
He never came home.

It was internal crying that bled him to death
in a Cardiff hospital.
He finally got to lie down
and turn into the horizon.

Adjö elvaknopskonvojer! Adjö 1940!
Här slutar världshistorien.
Bombplanen blev hängande.
Ljunghedarna blommade.

Ett foto från början av seklet visar en strand.
Där står sex uppklädda pojkar.
De har segelbåtar i famnen.
Vilka allvarliga miner!

Båtarna som blev livet och döden för några av dem.
Och att skriva om de döda
är också en lek, som blir tung
av det som ska komma.

Farewell eleven-knot convoys! Farewell 1940!
Here's where world history ends.
Bombers hung in the air.
Heather bloomed in the moors.

A photo from early in the century shows a beach.
Six well-dressed boys standing there.
They have sailboats in their arms.
What serious expressions!

The boats that became life and death for some of them.
And to write about the dead
is also a game, made heavy
by what is yet to come.

SEX VINTRAR

1

I det svarta hotellet sover ett barn.
Och utanför: vinternatten
där de storögda tärningarna rullar.

2

En elit av döda förstenades
på Katarina kyrkogård
där vinden skakar i sin rustning från Svalbard.

3

En krigsvinter då jag låg sjuk
växte en ofantlig istapp utanför fönstret.
Granne och harpun, minne utan förklaring.

4

Is hänger ned från takets kant.
Istappar: den upp och nervända gotiken.
Abstrakt boskap, juver av glas.

5

På ett sidospår en tom järnvägsvagn.
Stilla. Heraldisk.
Med resorna i sina klor.

6

Ikväll snödis, månsken. Månskensmaneten själv
svävar framför oss. Våra leenden
på väg hemåt. Förhäxad allé.

SIX WINTERS

1

In the black hotel a child sleeps.
And outside: the winter night
where the wide-eyed dice roll.

2

An elite of dead has been petrified
in Katarina Cemetery
where the wind shakes in its armor from Svalbard.

3

One war-winter as I lay sick
an enormous icicle grew outside my window.
Neighbor and harpoon, memory without explanation.

4

Ice hangs from the edge of the roof.
Icicles: the Gothic turned upside down.
Abstract cattle, udders of glass.

5

An empty railway car on a sidetrack.
Quiet. Heraldic.
With voyages in its claws.

6

Tonight snow-haze, moonlight. Moonlight's jellyfish itself
is floating before us. Our smiles
on the way home. Enchanted avenue.

NÄKTERGALEN I BADELUNDA

I den gröna midnatten vid näktergalens nordgräns. Tunga löv hänger i trance, de döva bilarna rusar mot neonlinjen. Näktergalens röst stiger inte åt sidan, den är lika genomträngande som en tupps galande, men skön och utan fåfänga. Jag var i fängelse och den besökte mig. Jag var sjuk och den besökte mig. Jag märkte den inte då, men nu. Tiden strömmar ned från solen och månen och in i alla tick tack tick tacksamma klockor. Men just här finns ingen tid. Bara näktergalens röst, de råa klingande tonerna som slipar natthimlens ljusa lie.

THE NIGHTINGALE IN BADELUNDA

In the green midnight by the nightingale's northern limit. Heavy leaves hang in a
trance, the deaf cars rush toward the neon line. The nightingale's voice doesn't step
aside; it's as piercing as a crowing rooster, but pleasant and without conceit. I was in
prison and it visited me. I was sick and it visited me. I didn't notice it then, but I do
now. Time flows down from the sun and moon and into all the tick tock tick thankful
clocks. But right here time doesn't exist. Just the nightingale's voice, those raw
ringing notes that whet the night-sky's bright scythe.

ALKAISKT

En skog i maj. Här spökar mitt hela liv:
det osynliga flyttlasset. Fågelsång.
        I tysta gölar mygglarvernas
ursinnigt dansande frågetecken.

Jag flyr till samma platser och samma ord.
Kall bris från havet, isdraken slickar mig
        i nacken medan solen gassar.
Flyttlasset brinner med svala lågor.

ALCAIC

This forest in May. It haunts my whole life:
the invisible moving van. Singing birds.
       In silent pools, mosquito larvae's
furiously dancing question marks.

I escape to the same places and same words.
Cold breeze from the sea, the ice-dragon's licking
       the back of my neck while the sun glares.
The moving van is burning with cool flames.

BERCEUSE

Jag är en mumie som vilar i skogarnas blåa kista, i det ständiga bruset av motor och
   gummi och asfalt.

Det som hänt under dagen sjunker, läxorna är tyngre än livet.

Skottkärran rullade fram på sitt enda hjul och själv färdades jag på mitt snurrande
   psyke, men nu har tankarna slutat gå runt och skottkärran fått vingar.

Långt om länge, då rymden är svart, ska ett flygplan komma. Passagerarna ska se
   städerna under sig glittra som goternas guld.

LULLABY

I am a mummy who rests in the forests' blue coffin, in the incessant roar of motor and
     rubber and asphalt.

What happened during the day sinks, the lessons are heavier than life.

The wheelbarrow rolled forward on its one wheel and I traveled in my spinning psyche,
     but now my thoughts have stopped going around and the wheelbarrow has grown wings.

At long last, when the sky is black, an airplane will come. The passengers will see the
     cities below them glittering like the Goths' gold.

GATOR I SHANGHAI

1

Den vita fjärilen i parken blir läst av många.
Jag älskar den där kålfjärilen som om den vore ett fladdrande hörn av sanningen själv!

I gryningen springer folkmassorna igång vår tysta planet.
Då fylls parken av människor. Åt var och en åtta ansikten polerade som jade, för alla
    situationer, för att undvika misstag.
Åt var och en också det osynliga ansiktet som speglar "något man inte talar om."
Något som dyker upp i trötta stunder och är fränt som en klunk huggormsbrännvin med
    den långa fjälliga eftersmaken.

Karparna i dammen rör sig ständigt, de simmar medan de sover, de är föredömen för
    den troende: alltid i rörelse.

2

Det är mitt på dagen. Tvättkläderna fladdrar i den gråa havsvinden högt över cyklisterna
som kommer i täta stim. Lägg märke till sidolabyrinterna!

Jag är omgiven av skrivtecken som jag inte kan tyda, jag är alltigenom analfabet.
Men jag har betalat det jag skulle och har kvitto på allt.
Jag har samlat på mig så många oläsliga kvitton.
Jag är ett gammalt träd med vissna löv som hänger kvar och inte kan falla till marken.

Och en pust från havet får alla dessa kvitton att rassla.

3

I gryningen trampar människomassorna igång vår tysta planet.
Vi är alla ombord på gatan, det är trängsel som på en färjas däck.

114

STREETS IN SHANGHAI

1

The white butterfly in the park is being read by many.
I love that cabbage-moth as if it were a fluttering corner of truth itself!

At dawn the running crowds set our quiet planet in motion.
Then the park fills with people. To each one eight faces polished like jade, for all
        situations, to avoid making mistakes.
To each one there's also the invisible face reflecting "something you don't talk about."
Something that appears in tired moments and is as rank as a gulp of viper schnapps with
        its long scaly aftertaste.

The carp in the pond move continuously, swimming while they sleep, setting an example for
        the faithful: always in motion.

2

It's midday. Laundry flutters in the gray sea-wind high over the cyclists
who arrive in dense schools. Notice the labyrinths on each side!

I'm surrounded by written characters I can't interpret, I'm illiterate through and through.
But I've paid what I owe and have receipts for everything.
I've accumulated so many illegible receipts.
I'm an old tree with withered leaves that hang on and can't fall to the ground.

And a gust from the sea gets all these receipts rustling.

3

At dawn the trampling hordes set our quiet planet in motion.
We're all aboard the street, and it's as crammed as the deck of a ferry.

Vart är vi på väg? Räcker temuggarna? Vi kan skatta oss lyckliga som hann ombord på
den här gatan!
Det är tusen år före klaustrofobins födelse.

Bakom var och en som går här svävar ett kors som vill hinna upp oss, gå förbi oss, förena
sig med oss.
Någonting som vill smyga sig på oss bakifrån och hålla för ögonen på oss och viska
"gissa vem det är!"

Vi ser nästan lyckliga ut i solen, medan vi förblöder ur sår som vi inte vet om.

Where are we headed? Are there enough teacups? We should consider ourselves lucky
   to have made it aboard this street!
It's a thousand years before the birth of claustrophobia.

Hovering behind each of us who walks here is a cross that wants to catch up with us,
   pass us, unite with us.
Something that wants to sneak up on us from behind, put its hands over our eyes and
   whisper "Guess who!"

We look almost happy out in the sun, while we bleed to death from wounds we don't
   know about.

DJUPT I EUROPA

Jag mörka skrov flytande mellan två slussportar
vilar i sängen på hotellet medan staden omkring vaknar.
Det tysta larmet och grå ljuset strömmar in
och lyfter mig sakta till nästa nivå: morgonen.

Avlyssnad horisont. De vill säga något, de döda.
De röker men äter inte, de andas inte men har rösten kvar.
Jag kommer att skynda genom gatorna som en av dem.
Den svartnade katedralen, tung som en måne, gör ebb och flod.

DEEP IN EUROPE

I a dark hull floating between two floodgates
rest in bed at the hotel while the surrounding city wakes.
The quiet din and the gray light pour in
lifting me gently to the next level: morning.

Wire-tapped horizon. They want to say something, the dead.
They smoke but don't eat, they don't breathe but can still speak.
I'll hurry through the streets like one of them.
The blackened cathedral, heavy as a moon, causes the ebb and flow.

FLYGBLAD

Det tysta raseriet klottrar på väggen inåt.
Fruktträd i blom, göken ropar.
Det är vårens narkos. Men det tysta raseriet
målar sina slagord baklänges i garagen.

Vi ser allt och ingenting, men raka som periskop
hanterade av underjordens skygga besättning.
Det är minuternas krig. Den gassande solen
står över lasarettet, lidandets parkering.

Vi levande spikar nedhamrade i samhället!
En dag skall vi lossna från allt.
Vi skall känna dödens luft under vingarna
och bli mildare och vildare än här.

LEAFLET

The silent rage scribbles on the inward wall.
Fruit trees in bloom, the cuckoo calls out.
This is spring's narcosis. But the silent rage
paints its slogans backwards in garages.

We see all and nothing, but straight as periscopes
handled by the underworld's timid crew.
It's the war of minutes. The broiling sun
stands over the hospital, suffering's parking lot.

We the living nails hammered down in society!
One day we'll come loose from everything.
We'll feel death's air under our wings
and be milder and wilder than we are here.

INOMHUSET ÄR OÄNDLIGT

Det är våren 1827. Beethoven
hissar sin dödsmask och seglar.

Europas väderkvarnar mal.
Vildgässen flyger mot norr.

Här är norr, här är Stockholm
simmande palats och ruckel.

Vedträna i den kungliga brasan
rasar ihop från givakt till lediga.

Det råder fred vaccin och potatis
men stadens brunnar andas tungt.

Dasstunnor i bärstol som paschor
färdas om natten över Norrbro.

Kullerstenarna får dem att vackla
mamseller lodare fina herrar.

Obönhörligt stilla är skylten
med den rökande morianen.

Så många öar, så många roende
med osynliga åror motströms!

Farlederna öppnar sig, april maj
och ljuva honungsdreglande juni.

THE INDOORS IS INFINITE

It's spring 1827. Beethoven
raises his death-mask and sails.

Europe's windmills grind on.
The wild geese fly north.

Here is north, here is Stockholm:
floating palaces and hovels.

Logs in the royal bonfire
collapse from attention to at-ease.

There's peace, vaccine and potatoes
but the city's wells are breathing hard.

Outhouse barrels on litters like pashas
are hauled by night over North Bridge.

The cobblestones make them stagger
mademoiselles loiterers gentlemen.

Inexorably silent, that sign
with the smoking dark-skinned man.

So many islands, so many rowing
against the tide with invisible oars!

The sea lanes are opening, April May
and sweet honey-drizzling June.

Hettan kommer till öar långt ute.
Byns dörrar står öppna, utom en.

Ormklockans visare slickar tystnaden.
Hällarna lyser med geologins tålamod.

Det hände så eller nästan så.
Det är en dunkel släkthistoria

om Erik, förgjord av ett trollskott
invalid efter en kula genom själen.

Han for till staden, mötte en fiende
och seglade hem sjuk och grå.

Den sommaren blir han liggande.
Redskapen på väggarna sörjer.

Han ligger vaken, hör nattflynas
månskenskamraternas yllefladder.

Kraften sinar, han stöter förgäves
mot den järnbeslagna morgondagen.

Och djupets Gud ropar ur djupet
"Befria mig! Befria dig själv!"

All ytans handling vänder sig inåt.
Han tas isär, han fogas ihop.

Det blåser upp och törnrosbuskarna
hakar sig fast vid ljuset som flyr.

The heat reaches the farthest islands.
The village doors are open, except one.

The snake-clock's hands lick the silence.
Stone slabs shine with geology's patience.

It happened like this or almost like this.
It's a mysterious family saga

about Erik, jinxed by a painful curse,
crippled by a bullet through his soul.

He traveled to the city, met an enemy
and sailed home sick and gray.

That summer he's bed-ridden.
The tools on the walls lament.

He lies awake listening to night-moths,
the wooly flutter of moonlight's friends.

His strength fading, he knocks in vain
against the iron-clad tomorrow.

And the God of the deep calls out from the deep
"Set me free! Set yourself free!"

All of the surface action turns inward.
He's taken apart, put back together.

The wind picks up and the briar roses
snag on the fleeing light.

Framtiden öppnar sig, han ser in
i det självskakande kaleidoskopet

ser otydliga fladdrande ansikten
som hör till kommande släkten.

I misshugg träffar mig hans blick
medan jag går omkring just här

i Washington bland mäktiga hus
där bara varannan pelare håller.

Vita byggnader i krematoriestil
där de fattigas dröm blir aska.

Den mjuka sluttningen börjar stupa
och omärkligt förvandlas till avgrund.

The future opens, he looks inside
the self-revolving kaleidoscope

to see the blurry fluttering faces
of generations to come.

By mistake he catches sight of me
as I walk around right here

in Washington, among mighty houses
where only every other pillar bears weight.

White buildings in crematorium-style
where the dreams of the poor turn to ash.

The gentle slope begins to descend steeply
and imperceptibly turns into abyss.

VERMEER

Ingen skyddad värld . . . Strax bakom väggen börjar larmet
börjar värdshuset
med skratt och kvirr, tandrader tårar klockornas dån
och den sinnesrubbade svågern, dödsbringaren som alla måste darra för.

Den stora explosionen och räddningens försenade tramp
båtarna som kråmar sig på redden, pengarna som kryper ner i fickan på fel man
krav som staplas på krav
gapande röda blomkalkar som svettas föraningar om krig.

Därifrån och tvärs genom väggen in i den klara ateljén
in i sekunden som får leva i århundraden.
Tavlor som kallar sig "Musiklektionen"
eller "Kvinna i blått som läser ett brev"—
hon är åttonde månaden, två hjärtan sparkar i henne.
På väggen bakom hänger en skrynklig karta över Terra Incognita.

Andas lugnt . . . En okänd blå materia är fastnaglad vid stolarna.
Guldnitarna flög in med oerhörd hastighet
och tvärstannade
som om de aldrig varit annat än stillhet.

Det susar i öronen av antingen djup eller höjd.
Det är trycket från andra sidan väggen.
Det får varje faktum att sväva
och gör penseln stadig.

Det gör ont att gå genom väggar, man blir sjuk av det
men det är nödvändigt.
Världen är en. Men väggar . . .
Och väggen är en del av dig själv—

VERMEER

No sheltered world . . . Right behind the wall the noise begins
the tavern begins
with laughter and complaint, rows of teeth, tears, clanging bells
and the deranged brother-in-law, the murderer that everyone trembles before.

The great explosion and the delayed trampling of rescuers,
boats swaggering at anchor, money creeping down into the pocket of the wrong man
demands heaped on demands
gaping red blossom-cups sweating premonitions of war.

And from there straight through the wall into the bright studio,
into the second that goes on living for centuries.
Paintings that call themselves "The Music Lesson"
or "Woman in Blue Reading a Letter"—
she's eight months along, two hearts kicking inside her.
On the wall behind her hangs a wrinkled map of Terra Incognita.

Breathe calmly . . . An unfamiliar blue material is nailed to the chairs.
The gold rivets flew in with extraordinary speed
and stopped dead
as if they had never been anything but stillness.

The ears ring from either depth or height.
It's the pressure from the other side of the wall.
It sets every fact afloat
and steadies the brush.

It hurts to go through walls, and makes you sick
but it's necessary.
The world is one. But walls . . .
And the wall is part of you—

man vet det eller vet det inte men det är så för alla
utom för små barn. För dem ingen vägg.

Den klara himlen har ställt sig på lut mot väggen.
Det är som en bön till det tomma.
Och det tomma vänder sitt ansikte till oss
och viskar
"Jag är inte tom, jag är öppen."

whether you know it or not, it's the same for everyone,
except small children. For them, no wall.

The clear sky has leaned against the wall.
It's like a prayer to the emptiness.
And the emptiness turns its face to us
and whispers
"I am not empty, I am open."

ROMANSKA BÅGAR

Inne i den väldiga romanska kyrkan trängdes turisterna i halvmörkret.
Valv gapande bakom valv och ingen överblick.
Några ljuslågor fladdrade.
En ängel utan ansikte omfamnade mig
och viskade genom hela kroppen:
"Skäms inte för att du är människa, var stolt!
Inne i dig öppnar sig valv bakom valv oändligt.
Du blir aldrig färdig, och det är som det skall."
Jag var blind av tårar
och föstes ut på den solsjudande piazzan
tillsammans med Mr. och Mrs. Jones, Herr Tanaka och Signora Sabatini
och inne i dem alla öppnade sig valv bakom valv oändligt.

ROMANESQUE ARCHES

Inside the enormous Romanesque church, tourists crammed into the half-darkness.
Vault opening behind vault and no view of the whole.
Several candle flames flickered.
An angel without a face embraced me
and whispered through my whole body:
"Don't feel ashamed that you're human, be proud!
Inside you, vault behind vault opens endlessly.
You'll never be complete, and that's how it should be."
I was blind with tears
and driven out into the sun-simmering piazza
together with Mr. and Mrs. Jones, Mr. Tanaka and Signora Sabatini
and inside each of them vault behind vault opened endlessly.

EPIGRAM

Kapitalets byggnader, mördarbinas kupor, honung för de få.
Där tjänade han. Men i en mörk tunnel vecklade han ut sina vingar
och flög när ingen såg. Han måste leva om sitt liv.

EPIGRAM

Capitalism's buildings, hives of the killer bees, honey for the few.
Where he served. But in a dark tunnel unfurled his wings
and flew when no one was looking. He had to live his life again.

KVINNOPORTRÄTT — 1800-TAL

Rösten kvävs i klänningen. Hennes ögon
följer gladiatorn. Och sedan står hon
på arenan själv. Är hon fri? En guldram
gastkramar tavlan.

PORTRAIT OF A WOMAN, 19TH CENTURY

Her voice is smothered by the dress. Her eyes
follow the gladiator. And then she's standing
in the arena herself. Is she free? A gilt frame
                                seizes the painting.

MEDELTIDA MOTIV

Under vårt förtrollande minspel väntar
alltid kraniet, pokeransiktet. Medan
solen sakta rullar förbi på himlen.
    Schackspelet pågår.

Ett frisörsaxklippande ljud från snåren.
Solen rullar sakta förbi på himlen.
Schackpartiet avstannar i remi. I
    regnbågens tystnad.

MEDIEVAL MOTIF

Beneath our enchanting facial expressions
the skull always waits, poker-face. While
the sun slowly rolls past in the sky.
                        The chess match is in progress.

A hairdresser's scissoring sound from the bushes.
The sun rolls slowly past in the sky.
The chess game ends in a draw. In
                        the rainbow's silence.

AIR MAIL

På jakt efter en brevlåda
bar jag brevet genom stan.
I storskogen av sten och betong
fladdrade denna vilsna fjäril.

Frimärkets flygande matta
adressens raglande bokstäver
plus min förseglade sanning
just nu svävande över havet.

Atlantens krypande silver.
Molnbankarna. Fiskebåten
som en utspottad olivkärna.
Och kölvattnets bleka ärr.

Här nere går arbetet sakta.
Jag sneglar ofta på klockan.
Trädskuggorna är svarta siffror
i den giriga tystnaden.

Sanningen finns på marken
men ingen vågar ta den.
Sanningen ligger på gatan.
Ingen gör den till sin.

AIR MAIL

On a hunt for a mailbox
I carried the letter through town.
In the great forest of stone and concrete
this lost butterfly fluttered.

The stamp's flying carpet
the address's reeling letters
plus my sealed-in truth
now winging over the ocean.

The Atlantic's crawling silver.
The cloudbanks. The fishing boat
like a spat-out olive pit.
And the wakes' pale scars.

Down here work goes slowly.
I often sneak peeks at the clock.
The tree-shadows are black figures
in the greedy silence.

The truth is there on the ground
but no one dares to take it.
The truth is out on the street.
No one makes it their own.

MADRIGAL

Jag ärvde en mörk skog dit jag sällan går. Men det kommer en dag när de döda och levande byter plats. Då sätter sig skogen i rörelse. Vi är inte utan hopp. De svåraste brotten förblir ouppklarade trots insats av många poliser. På samma sätt finns någonstans i våra liv en stor ouppklarad kärlek. Jag ärvde en mörk skog men idag går jag i en annan skog, den ljusa. Allt levande som sjunger slingrar viftar och kryper! Det är vår och luften är mycket stark. Jag har examen från glömskans universitet och är lika tomhänt som skjortan på tvättstrecket.

MADRIGAL

I inherited a dark forest where I seldom walk. But there will come a day when the dead and the living change places. Then the forest will be set into motion. We aren't without hope. The most difficult crimes remain unsolved despite the efforts of many police. In the same way that somewhere in our lives there's a great unsolved love. I inherited a dark forest but today I walk in another forest, the light one. Every living thing that sings wriggles sways and crawls! It's spring and the air is intense. I have a degree from the university of oblivion and I'm as empty-handed as the shirt on the clothesline.

GULDSTEKEL

Kopparormen den fotlösa ödlan rinner längsmed förstutrappan
stilla och majestätisk som en anaconda, bara storleken skiljer.
Himlen är täckt av moln men solen pressar sig igenom. Sådan är dagen.

I morse drev min kära bort de onda andarna.
Som när man slår upp dörren till ett mörkt magasin i södern
och ljuset väller in
och kackerlackorna pilar snabbt snabbt ut i hörnen och uppför väggarna
och är borta—man både såg och inte såg dem—
så fick hennes nakenhet demonerna att fly.

Som om de aldrig funnits.
Men de kommer tillbaka.
Med tusen händer som felkopplar nervernas gammalmodiga telefonväxel.

Det är femte juli. Lupinerna sträcker på sig som om de ville se havet.
Vi är i tigandets kyrka, i den bokstavslösa fromheten.
Som om de oförsonliga patriarkernas ansikten inte fanns
och felstavningen i sten av Guds namn.

Jag såg en bokstavstrogen tv-predikant som samlat in massor med pengar.
Men han var svag nu och måste stödjas av en bodyguard
som var en välskräddad ung man med ett leende stramande som en munkavle.
Ett leende som kvävde ett skri.
Skriet från ett barn som lämnas kvar i en säng på sjukhuset när föräldrarna går.

Det gudomliga snuddar vid en människa och tänder en låga
men viker sedan tillbaka.
Varför?
Lågan drar till sig skuggorna, de flyger knastrande in och förenas med lågan

GOLDEN VESPID

The slow-worm that leg-less lizard flows along the entryway stairs
calm and majestic as an anaconda, differing only in size.
The sky is cloud-covered but the sun presses through. Such is the day.

This morning my love drove the evil spirits away.
As when you throw open the door to a dark storeroom in the south
and light rushes in
and cockroaches dart swiftly swiftly out to the corners and up the walls
and are gone—you both saw and didn't see them—
so her nakedness got the demons to flee.

As if they never existed.
But they'll come back.
With a thousand hands making bad connections in the nerves' oldfangled switchboard.

It's July fifth. The lupines are stretching up as if they wanted a view of the sea.
We're in the church of keeping-silent, in a letter-less piousness.
As if the implacable patriarchs' faces didn't exist
and God's name wasn't misspelled in stone.

I watched a fundamentalist TV-preacher who gathered crowds with money.
But by then he was weak and needed the support of a bodyguard,
a well-tailored young man with a smile that fit tight as a muzzle.
A smile that suffocated a scream.
The scream of a child left behind in a hospital bed when his parents go home.

The divine brushes up against a person and lights a flame
but then draws back.
Why?
The flame attracts shadows, they fly rustling in and merge with the flame,

som stiger och svartnar. Och röken breder ut sig svart och strypande.

Till sist bara den svarta röken, till sist bara den fromma bödeln.

Den fromma bödeln lutar sig fram

över torget och folkmassan som bildar en knottrig spegel

där han kan se sig själv.

Den störste fanatikern är den störste tvivlaren. Han vet det inte.

Han är en pakt mellan två

där den ene skall vara synlig till hundra procent och den andre osynlig.

Vad jag avskyr uttrycket "till hundra procent!"

De som kan inte vistas någonannanstans än på sin framsida

de som aldrig är tankspridda

de som aldrig öppnar fel dörr och får se en skymt av Den Oidentifierade—

gå förbi dem!

Det är femte juli. Himlen är täckt av moln men solen pressar sig igenom.

Kopparormen rinner längsmed förstutrappan stilla och majestätisk som en anaconda.

Kopparormen som om det inte fanns ämbetsverk.

Guldstekeln som om det inte fanns idoldyrkan.

Lupinerna som om det inte fanns "hundra procent."

Jag känner djupet där man är både fånge och härskare, som Persefone.

Ofta låg jag i det stela gräset där nere

och såg jorden välva sig över mig.

Jordevalvet.

Ofta, det var halva livet.

Men idag har min blick lämnat mig.

Min blindhet har gett sig av.

Den mörka fladdermusen har lämnat ansiktet och saxar omkring i sommarens ljusa rymd.

which rises and blackens. And the smoke spreads out black and strangling.
In the end only the black smoke, in the end only the pious executioner.
The pious executioner leans forward
over the market square and crowd that form a grainy mirror
in which he can see himself.

The biggest fanatic is the biggest doubter. But he doesn't know this.
He is a pact between two
where the one should be visible a hundred percent and the other invisible.
How I loathe that expression "a hundred percent!"

Those who can't reside anywhere other than their own facade
those who are never absent-minded
those who never open the wrong door and catch a glimpse of The Unidentified One—
walk past them!

It's July fifth. The sky is cloud-covered but the sun presses through.
The slow-worm flows along the entryway stairs, calm and majestic as an anaconda.
The slow-worm as if the establishment didn't exist.
The golden vespid as if idolatry didn't exist.
The lupines as if "a hundred percent" didn't exist.

I know the depths where one is both prisoner and ruler, like Persephone.
Often I lay in the stiff grass down there
and watched the earth vault over me.
The vault of Earth.
Often, it was half my life.

But today my gaze has left me.
My blindness has gone away.
The dark bat has flown from my face and scissors around in the summer's light space.

V

1996

APRIL OCH TYSTNAD

Våren ligger öde.
Det sammetsmörka diket
krälar vid min sida
utan spegelbilder.

Det enda som lyser
är gula blommor.

Jag bärs i min skugga
som en fiol
i sin svarta låda.

Det enda jag vill säga
glimmar utom räckhåll
som silvret
hos pantlånaren.

APRIL AND SILENCE

Spring lies forsaken.
The velvet-dark ditch
crawls by my side
without reflections.

The only thing that shines
are yellow flowers.

I am cradled in my shadow
like a fiddle
in its black case.

The only thing I want to say
glimmers out of reach
like the silver
at the pawnbroker's.

OSÄKERHETENS RIKE

Byråchefen lutar sig fram och ritar ett kryss
och hennes örhängen dinglar som damoklessvärd.

Som en spräcklig fjäril blir osynlig mot marken
flyter demonen ihop med den uppslagna tidningen.

En hjälm som bärs av ingen har tagit makten.
Moderssköldpaddan flyr flygande under vattnet.

INSECURITY'S KINGDOM

The Under Secretary leans forward and draws an X
and her earrings dangle like Damocles's sword.

As a spotted butterfly turns invisible in a field
so the demon blends in with the spread-open newspaper.

A helmet worn by no one has taken power.
The mother turtle flees, flying under water.

NATTBOKSBLAD

Jag landsteg en majnatt
i ett kyligt månsken
där gräs och blommor var grå
men doften grön.

Jag gled uppför sluttningen
i den färgblinda natten
medan vita stenar
signalerade till månen.

En tidrymd
några minuter lång
femtioåtta år bred.

Och bakom mig
bortom de blyskimrande vattnen
fanns den andra kusten
och de som härskade.

Människor med framtid
i stället för ansikten.

NIGHTBOOK PAGE

I stepped ashore one May night
into a chilly moonlight
where grass and flowers were gray
but their scent green.

I drifted up a slope
in the colorblind dark
while white stones
signaled back to the moon.

A time span
several minutes long
fifty-eight years wide.

And behind me
beyond the lead-shimmering waters
was the other coast
and those in command.

People with a future
instead of faces.

SORGEGONDOL nr 2

I

Två gubbar, svärfar och svärson, Liszt och Wagner, bor vid Canal Grande
tillsammans med den rastlösa kvinnan som är gift med kung Midas
han som förvandlar allting han rör vid till Wagner.
Havets gröna köld tränger upp genom golven i palatset.
Wagner är märkt, den kända kasperprofilen är tröttare än förr
ansiktet en vit flagg.
Gondolen är tungt lastad med deras liv, två tur och retur och en enkel.

II

Ett fönster i palatset flyger upp och man grimaserar i det plötsliga draget.
Utanför på vattnet visar sig sopgondolen paddlad av två enårade banditer.
Liszt har skrivit ner några ackord som är så tunga att de borde skickas
till mineralogiska institutionen i Padova för analys.
Meteoriter!
För tunga för att vila, de kan bara sjunka och sjunka genom framtiden ända ner
till brunskjortornas år.
Gondolen är tungt lastad med framtidens hopkurade stenar.

SORROW GONDOLA NO. 2

I

Two old men, father- and son-in-law, Liszt and Wagner, are staying by the Grand Canal
together with the restless woman who is married to King Midas,
he who changes everything he touches to Wagner.
The ocean's green cold pushes up through the palazzo floors.
Wagner is marked, his famous Punchinello profile looks more tired than before,
his face a white flag.
The gondola is heavy-laden with their lives, two round trips and a one-way.

II

A window in the palazzo flies open and everyone grimaces in the sudden draft.
Outside on the water the trash gondola appears, paddled by two one-oared bandits.
Liszt has written down some chords so heavy they ought to be sent off
to the mineralogical institute in Padua for analysis.
Meteorites!
Too heavy to rest, they can only sink and sink straight through the future all the way down
to the Brownshirt years.
The gondola is heavy-laden with the future's huddled-up stones.

III
Gluggar mot 1990.

25 mars. Oro för Litauen.
Drömde att jag besökte ett stort sjukhus.
Ingen personal. Alla var patienter.

I samma dröm en nyfödd flicka
som talade i fullständiga meningar.

IV
Bredvid svärsonen som är tidens man är Liszt en maläten grandseigneur.
Det är en förklädnad.
Djupet som prövar och förkastar olika masker har valt just den här åt honom—
djupet som vill stiga in till människorna utan att visa sitt ansikte.

III
Peep-holes into 1990.

March 25th. Angst for Lithuania.
Dreamt I visited a large hospital.
No personnel. Everyone was a patient.

In the same dream a newborn girl
who spoke in complete sentences.

IV
Beside the son-in-law, who's a man of the times, Liszt is a moth-eaten grand seigneur.
It's a disguise.
The deep, that tries on and rejects different masks, has chosen this one just for him—
the deep that wants to enter people without ever showing its face.

V

Abbé Liszt är van att bära sin resväska själv genom snöglopp och solsken
och när han en gång skall dö är det ingen som möter vid stationen.
En ljum bris av mycket begåvad konjak for honom bort mitt i ett uppdrag.
Han har alltid uppdrag.
Tvåtusen brev om året!
Skolpojken som skriver det felstavade ordet hundra gånger innan han får gå hem.
Gondolen är tungt lastad med liv, den är enkel och svart.

VI
Åter till 1990.

Drömde att jag körde tjugo mil förgäves.
Då förstorades allt. Sparvar stora som höns
sjöng så att det slog lock för öronen.

Drömde att jag ritat upp pianotangenter
på köksbordet. Jag spelade på dem, stumt.
Grannarna kom in för att lyssna.

V

Abbé Liszt is used to carrying his suitcase himself through sleet and sunshine
and when his time comes to die, there will be no one to meet him at the station.
A mild breeze of gifted cognac carries him away in the midst of a commission.
He always has commissions.
Two thousand letters a year!
The schoolboy who writes his misspelled word a hundred times before he's allowed to go home.
The gondola is heavy-laden with life, it is simple and black.

VI

Back to 1990.

Dreamt I drove over a hundred miles in vain.
Then everything magnified. Sparrows as big as hens
sang so loud that it briefly struck me deaf.

Dreamt I had drawn piano keys
on my kitchen table. I played on them, mute.
The neighbors came over to listen.

VII

Klaveret som har tigit genom hela Parsifal (men lyssnat) får äntligen säga något.

Suckar . . . sospiri . . .

När Liszt spelar ikväll håller han havspedalen nertryckt

så att havets gröna kraft stiger upp genom golvet och flyter samman med all sten i
byggnaden.

Godafton vackra djup!

Gondolen är tungt lastad med liv, den är enkel och svart.

VIII

Drömde att jag skulle börja skolan men kom försent.

Alla i rummet bar vita masker för ansiktet.

Vem som var läraren gick inte att säga.

Vid årsskiftet 1882/1883 besökte Liszt sin dotter Cosima och hennes man, Richard Wagner, i Venedig. Wagner dog några månader senare. Under denna tid komponerade Liszt två piano-stycken som publicerades under titeln "Sorgegondol".

VII

The clavier, which kept silent through all of Parsifal (but listened), finally has something to say.
Sighs . . . sospiri . . .
When Liszt plays tonight he holds the sea-pedal pressed down
so the ocean's green force rises up through the floor and flows together with all the
        stone in the building.
Good evening, beautiful deep!
The gondola is heavy-laden with life, it is simple and black.

VIII

Dreamt I was supposed to start school but arrived too late.
Everyone in the room was wearing a white mask.
Whoever the teacher was, no one could say.

In late 1882 and early 1883, Liszt visited his daughter Cosima and her husband, Richard Wagner, in Venice. Wagner died several months later. During this time Liszt composed two piano pieces which were published under the title "Sorrow Gondola."

LANDSKAP MED SOLAR

Solen glider fram bakom husväggen
ställer sig mitt i gatan
och andas på oss
med sin röda blåst.
Innsbruck jag måste lämna dig.
Men i morgon
står en glödande sol
i den halvdöda grå skogen
där vi skall arbeta och leva.

LANDSCAPE WITH SUNS

The sun glides out from behind the house
stands in the middle of the street
and breathes on us
with its scarlet wind.
Innsbruck I must leave you.
But tomorrow
a glowing sun stands
in the half-dead gray forest
where we will work and live.

NOVEMBER I FORNA DDR

Det allsmäktiga cyklopögat gick i moln
och gräset ruskade på sig i koldammet.

Mörbultade av nattens drömmar
stiger vi ombord på tåget
som stannar vid varje station
och lägger ägg.

Det är ganska tyst.
Klångandet från kyrkklockornas ämbar
som hämtat vatten.
Och någons obevekliga hosta
som skäller på allt och alla.

Ett stenbeläte rör sina läppar:
det är staden.
Där råder järnhårda missförstånd
bland kioskbiträden slaktare
plåtslagare marinofficerare
järnhårda missförstånd, akademiker.

Vad mina ögon värker!
De har läst vid lysmasklampornas matta sken.

November bjuder på karameller av granit.
Oberäkneligt!
Som världshistorien
som skrattar på fel ställe.

NOVEMBER IN THE FORMER GDR*

The almighty Cyclops-eye went behind the clouds
and the grass shuddered in the coal dust.

Beaten sore and stiff from last night's dreams
we climb aboard the train
that stops at every station
and lays eggs.

It's rather quiet.
The clonging from the churchbells' buckets
collecting water.
And someone's unrelenting cough
telling off everything and everyone.

A stone idol is moving its lips:
it's the city.
Where iron-hard misunderstandings prevail
among kiosk-attendants butchers
sheet-metal workers naval officers
iron-hard misunderstandings, academics.

How my eyes ache!
They've been reading by the glowworm-lamps' faint light.

November offers caramels of granite.
Unpredictable!
Like world history
laughing at the wrong place.

*German Democratic Republic, or East Germany

Men vi hör klångandet
från kyrkklockornas ämbar när de hämtar vatten
varje onsdag
—är det onsdag?—
där har vi för våra söndagar!

But we hear the clonging
from the churchbells' buckets when they collect water
every Wednesday
—is it Wednesday?—
that's what's become of our Sundays!

FRÅN JULI 90

Det var en begravning
och jag kände att den döde
läste mina tankar
bättre än jag själv.

Orgeln teg, fåglarna sjöng.
Gropen ute i solgasset.
Min väns röst höll till
på minuternas baksida.

Jag körde hem genomskådad
av sommardagens glans
av regn och stillhet
genomskådad av månen.

FROM JULY '90

It was a funeral
and I sensed the dead man
was reading my thoughts
better than I could.

The organ kept quiet, birds sang.
The hole out in the blazing sun.
My friend's voice lingered
in the minutes' farthest side.

I drove home seen through
by the summer day's brilliance
by rain and stillness
seen through by the moon.

GÖKEN

En gök satt och hoade i björken strax norr om huset. Den var så högröstad att jag först trodde att det var en operasångare som utförde en gökimitation. Förvånad såg jag fågeln. Stjärtfjädrarna rörde sig upp och ner för varje ton, som handtaget på en pump. Fågeln hoppade jämfota, vände sig om och skrek åt alla väderstreck. Sedan lyfte den och flög småsvärande över huset och långt bort i väster. . . . Sommaren åldras och allt flyter ihop till ett enda vemodigt sus. Cuculus canorus återvänder till tropikerna. Dess tid i Sverige är över. Den blev inte lång! I själva verket är göken medborgare i Zaire. . . . Jag är inte längre så förtjust i att resa. Men resan besöker mig. Nu när jag trängs in alltmer i ett hörn, när årsringarna växer, när jag behöver läsglasögon. Det händer alltid mycket mer än vi kan bära! Det finns inget att förvånas över. Dessa tankar bär mig lika trofast som Susi och Chuma bar Livingstones mumie tvärs genom Afrika.

THE CUCKOO

A cuckoo perched and who-whoed in a birch just north of the house. It was so loud that at first I thought an opera singer was performing a cuckoo-imitation. Surprised I even saw the bird. Its tail-feathers moved up and down with every note, like the handle on a pump. The bird hopped, feet together, turned and cried out to all four directions. Then it lifted off and, muttering, flew over the house and far away to the west. . . . The summer is growing old and everything flows together into a single melancholy sigh. *Cuculus canorus* is returning to the tropics. Its time in Sweden is through. It wasn't long! In fact, the cuckoo is a citizen of Zaire. . . . I am not so fond of making journeys anymore. But the journey visits me. Now when I'm pushed more and more into a corner, when every year the tree rings widen, when I need reading glasses. There's always more happening than we can bear! It's nothing to be surprised about. These thoughts bear me as faithfully as Susi and Chuma bore Livingstone's mummified body straight across Africa.

TRE STROFER

I
Riddaren och hans fru
förstenade men lyckliga
på ett flygande kistlock
utanför tiden.

II
Jesus höll upp ett mynt
med Tiberius i profil
en profil utan kärlek
makten i omlopp.

III
Ett rinnande svärd
utplånar minnena.
I marken rostar
trumpeter och gehäng.

THREE STANZAS

I

The knight and his lady
were petrified but happy
on a flying coffin lid
outside of time.

II

Jesus held up a coin
with Tiberius in profile
a profile without love
the power in circulation.

III

A dripping sword
obliterates memories.
The ground is rusting
trumpets and sheaths.

SOM ATT VARA BARN

Som att vara barn och en oerhörd förolämpning
träs över ens huvud som en säck
genom säckens maskor skymtar solen
och man hör körsbärsträden gnola.

Men det hjälper inte, den stora förolämpningen
täcker huvud och torso och knän
och man rör sig sporadiskt
men gläds inte åt våren.

Ja, skimrande mössa drag ner den över ansiktet
stirra genom maskorna.
På fjärden myllrar vattenringarna ljudlöst.
Gröna blad förmörkar jorden.

LIKE BEING A CHILD

Like being a child and an enormous insult
is pulled over your head like a sack;
through the sack's stitches you catch a glimpse of the sun
and hear the cherry trees humming.

But this doesn't help, the great affront
covers your head and torso and knees
and though you move sporadically
you can't take pleasure in the spring.

Yes, shimmering wool hat, pull it down over the face
and stare through the weave.
On the bay, water-rings teem soundlessly.
Green leaves are darkening the land.

TVÅ STÄDER

På var sin sida om ett sund, två städer
den ena mörklagd, ockuperad av fienden.
I den andra brinner lamporna.
Den lysande stranden hypnotiserar den mörka.

Jag simmar ut i trance
på de glittrande mörka vattnen.
En dov tubastöt tränger in.
Det är en väns röst, tag din grav och gå.

TWO CITIES

Each on its own side of a strait, two cities
one plunged into darkness, under enemy control.
In the other the lamps are burning.
The luminous shore hypnotizes the blacked-out one.

I swim out in a trance
on the glittering dark waters.
A muffled tuba-blast breaks in.
It's a friend's voice, take your grave and go.

LJUSET STRÖMMAR IN

Utanför fönstret är vårens långa djur
den genomskinliga draken av solsken
rinner förbi som ett ändlöst
förortståg—vi hann aldrig se huvudet.

Strandvillorna flyttar sig i sidled
de är stolta som krabbor.
Solen får statyerna att blinka.

Det rasande eldhavet ute i rymden
transjorderas till en smekning.
Nedräkningen har börjat.

THE LIGHT STREAMS IN

Outside the window is spring's long animal,
the diaphanous dragon of sunshine
flowing past like an endless
commuter train—we never managed to see its head.

The seaside villas scuttle sideways
and are as proud as crabs.
The sun causes the statues to blink.

The raging conflagration out in space
is transforming into a caress.
The countdown has begun.

NATTLIG RESA

Det myllrar under oss. Tågen går.
Hotell Astoria darrar.
Ett glas vatten vid sängkanten
lyser i tunnlarna.

Han drömde att han var fånge i Svalbard.
Planeten vred sig mullrande.
Tindrande ögon gick över isarna.
Miraklernas skönhet fanns.

NIGHT TRAVEL

It's teeming under us. Trains depart.
Hotel Astoria trembles.
A glass of water by the bedside
shines into the tunnels.

He dreamed he was imprisoned on Svalbard.
The planet rumbled as it turned.
Glittering eyes passed over the ice.
The miracles' beauty existed.

HAIKUDIKTER

I
Kraftledningarna
spända i köldens rike
norr om all musik.

.

Den vita solen
träningslöper ensam mot
dödens blåa berg.

.

Vi måste leva
med det finstilta gräset
och källarskrattet.

.

Solen står lågt nu.
Våra skuggor är jättar.
Snart är allt skugga.

II
Orkidéerna.
Tankbåtar glider förbi.
Det är fullmåne.

HAIKU POEMS

I
The high-tension lines
taut in cold's brittle kingdom
north of all music.

.

The white sun, training
alone, runs the long distance
to death's blue mountains.

.

We need to exist
with the finely printed grass
and cellar-laughter.

.

The sun lies low now.
Our shadows are goliaths.
Soon shadow is all.

II
The orchid blossoms.
Oil tankers are gliding past.
And the moon is full.

III
Medeltida borg,
främmande stad, kalla sfinx,
tomma arenor.

•

Löven viskade:
ett vildsvin spelar orgel.
Och klockorna slog.

•

Och natten strömmar
från öster till väster med
månens hastighet.

IV
Ett par trollsländor
fasthakade i varann
svirrade förbi.

•

Närvaro av Gud.
I fågelsångens tunnel
öppnas en låst port.

•

Ekar och månen.
Ljus och tysta stjärnbilder.
Det kalla havet.

III
Medieval fortress,
a foreign city, cold sphinx,
empty arenas.

•

Then the leaves whispered:
a wild boar plays the organ.
And the bells all rang.

•

And the night streams in
from east to west, traveling
in time with the moon.

IV
A dragonfly pair
fastened to one another
went flickering past.

•

The presence of God.
In the tunnel of birdsong
a locked door opens.

•

Oak trees and the moon.
Light and mute constellations.
The bone-chilling sea.

FRÅN ÖN 1860

I
En dag när hon sköljde tvätt från bryggan
steg fjärdens köld upp genom armarna
och i livet.

Tårarna frös till glasögon.
Ön lyfte sig själv i gräset
och strömmingsfanan vajade i djupet.

II
Och koppornas svärm hann upp honom
slog ner på hans ansikte.
Han ligger och stirrar i taket.

Hur det roddes uppför tystnaden.
Nuets evigt rinnande fläck
nuets evigt blödande punkt.

FROM THE ISLAND, 1860

I

One day as she rinsed her wash from the jetty,
the bay's grave cold rose up through her arms
and into her life.

Her tears froze into spectacles.
The island raised itself by its grass
and the herring-flag waved in the deep.

II

And the swarm of smallpox caught up with him,
settled down onto his face.
He lies and stares at the ceiling.

How it had rowed up through the silence.
The now's eternally flowing stain,
the now's eternally bleeding endpoint.

TYSTNAD

Gå förbi, de är begravda . . .
Ett moln glider över solskivan.

Svälten är en hög byggnad
som flyttar sig om natten

i sovrummet öppnar sig en hisstrummas
mörka stav mot innandömena.

Blommor i diket. Fanfar och tystnad.
Gå förbi, de är begravda . . .

Bordssilvret överlever i stora stim
på stort djup där Atlanten är svart.

SILENCE

Walk past, they are buried . . .
A cloud glides over the sun's disk.

Starvation is a tall building
that moves about by night—

in the bedroom an elevator shaft opens,
a dark rod pointing toward the interior.

Flowers in the ditch. Fanfare and silence.
Walk past, they are buried . . .

The table silver survives in giant shoals
down deep where the Atlantic is black.

MIDVINTER

Ett blått sken
strömmar ut från mina kläder.
Midvinter.
Klirrande tamburiner av is.
Jag sluter ögonen.
Det finns en ljudlös värld
det finns en spricka
där döda
smugglas över gränsen.

MIDWINTER

A blue light
is streaming out from my clothes.
Midwinter.
Jingling tambourines of ice.
I close my eyes.
There is a soundless world
there is a crack
where the dead
are smuggled over the border.

EN SKISS FRÅN 1844

William Turners ansikte är brunt av väder
han har staffli längst ute bland bränningarna.
Vi följer den silvergröna kabeln ner i djupen.

Han vadar ut i det långgrunda dödsriket.
Ett tåg rullar in. Kom närmare.
Regn, regn färdas över oss.

A SKETCH FROM 1844

William Turner's face is browned by weather;
he's set up his easel far off in the breaking surf.
We follow the silver-green cable down into the depths.

He wades out in the long shallows of death's kingdom.
A train rolls in. Come closer.
Rain, rain travels over us.

VI

2004

FASADER

I
Vid vägs ände ser jag makten
och den liknar en lök
med överlappande ansikten
som lossnar ett efter ett . . .

II
Teatrarna töms. Det är midnatt.
Bokstäver flammar på fasaderna.
De obesvarade brevens gåta
sjunker genom det kalla glittret.

FACADES

I

At road's end I see the power
and it looks like an onion
with overlapping faces
loosening one after one . . .

II

The theaters are empty. It's midnight.
Words blaze on the facades.
The unanswered letters' enigma
sinks through the cold glitter.

AFTERWORD

Afterword by the Translator

In June 2007, I moved with my family to Tumba, Sweden, a town twelve miles south of Stockholm. My husband was the new managing director of a paper mill and printing plant. We had a three-year contract. I say "we" because it was a family decision—both the move and the duration. Our oldest daughter took a gap year before starting college and spent that year with us. Our youngest daughter, just entering high school, attended an international school in Stockholm. With no work visa and thus no hope of procuring a job, I immersed myself in the language, progressing from the state-sponsored Swedish for Immigrants course to assorted university classes; from halting exchanges to relatively fluent conversations in my everyday life.

A full year into our stay, I began a post-graduate semester at Vermont College of Fine Arts to focus back in on my writing. I attended the program's summer residency, where two events set me on the path to translation. First, at a grad student's lecture I was given a handout that included John F. Deane's translation of Transtromer's "The Station" side-by-side with the original Swedish. By that time I could read both versions of the poem and was surprised to discover I had an opinion about its translation into my native tongue. Second, I sat next to Jean Valentine in the cafeteria one evening and when she heard I lived in the Stockholm area, she asked if I'd mind delivering her latest book, *Little Boat*, to her old friends Tomas and Monica Transtromer.

October 10, 2008

I walk up the steep hill to Stigbergsgatan, headed for number 32. On the phone Monica said, "We are four floors up." The brass sign on their door reads: TRANSTRÖMER. My heart pounds as I ring the bell. "Välkommen Patty," Monica says. Welcome. Wood floors, and a sense of windows everywhere. Out one of them a flaming gold-orange maple tree all but blocks a view of the water. A series of small rooms opening into one another. Walls covered with photos and art. Some of the paintings, I notice, are gifts, personally addressed. I can see Tomas from the door. He's sitting in a room, near a piano, extending one arm toward me. Tousled gray-white hair; long, narrow face; an easy smile. His eyes, gentle and bright. His lower right leg has a plastic brace velcroed outside his slacks. Right arm flexed and held against his chest as if in a sling. Right hand contracted. He's slightly leaning toward his weak side. There's a cane on the floor beside him. I take his extended hand in both of mine, then sit in the canvas deck chair nearest him—Tomas on my left, Monica on the couch to my right. As we move back and forth between Swedish and English, it becomes clear that Tomas is aphasic. He understands perfectly, is obviously engaged in the conversation, but cannot articulate a response, except for the reply "Det är mycket bra . . ." (It's very good), which he repeats fairly often, with great facial expression, sometimes gesticulating with his left hand. Monica comments that while he continues to discover more and more of the language he lost, even this many years after the stroke, his English hasn't come back. She seems to understand the nuances of his gestures and expressions, and has a casual, humorous way of acknowledging when she has no idea what he's trying to say. The energy between them is palpable, lovely, and calm. While Monica pulls lunch together, Tomas plays several piano pieces, including one titled *Tranströmeriana IV*, composed for the left hand by Swedish composer and lyricist Maurice Karkoff. From where I sit behind Tomas, I see the notes magnified through his glasses. With his good hand, his playing hand, he turns the pages so deftly the music sustains. We eat lunch at the kitchen table, below the portrait of Tomas's maternal grandfather, Carl Westerberg, who is the grandfather in his long, incredible poem *Östersjöar* (*Baltics*). We talk about Sweden—the light, the landscape, the archipelago—as well as travel, America, politics, poetry, the Nobel Prize. Monica mentions that many people called or emailed to say they felt Tomas should have won this year's Nobel instead of Le Clézio. She says, "It's nice that so many people had hope." By the end of the visit I'm so enchanted, I nearly forget to deliver Jean's book.

I translated my first poem, "The Station," shortly after returning from Vermont. The decision arose from excited curiosity. I felt compelled to see how close I could come to honoring my reading of the original. I'd always loved Tranströmer's work, but it occurred to me that I'd only really read Bly's and Fulton's Tranströmer. Now I could read Tranströmer's Tranströmer. In the beginning, for me, the translations were an exercise, a way to enter Tomas's poetry more fully while fine-tuning my Swedish. I had no idea how fascinating and rewarding the process would be—how, line by line, the poems would open up to me, and keep opening. Maybe it was the loneliness and strange reconfiguration of identity that came from living in an unfamiliar place, but I felt I was discovering a third language, born at the intersection of the English and Swedish, that helped me locate myself in the context of my foreignness. More than a new language, this intersection revealed a new terrain. A terrain mirrored in the poetry, where boundaries between inner and outer landscapes—the psyche and the world—seem to shift, open, and in some way merge.

I spent that winter translating *Sorgegondolen* (*The Sorrow Gondola*). I was fastidious, re-typing each translated line below the Swedish so as not to lose track of the original. In spoken Swedish there's both word-stress and sentence-stress, creating an unmistakable musical accent, or lilt, not reproducible in English. I often listened to a CD of Tomas reading "Sorrow Gondola No. 2" and other poems, as well as performing on piano. I paid close attention to the rhythms, inflections, manner of speaking, and even his playing—anything that might better inform the music and overall tone of the translations. I also listened to a recording of Miriam Gómez-Morán playing Liszt's *La Lugubre Gondola no. 2* on piano, amazed to realize how closely Tranströmer's poem, and in some ways the entire book, mirrors the alternately turbulent and calm progression of Liszt's composition.

June 26, 2009

While Tomas sits in the next room, listening to classical music, Monica and I begin to go through the poems. I have no idea what to expect. (I should note here that Monica has always been Tomas's main reader and, as he put it in a 1989 interview: "My best critic.") She modestly claims that her English has never been great and is fading, so she has Robin Fulton's complete translations on hand for comparison. Perhaps strangely, this reassures me. Swedes generally regard his translations as the most literal. The Swedish summer light brightens the already bright room, and from across the water the muffled screams of Gröna Lund's rollercoaster riders drift in through an open window, so distant they sound more seabird than human. Monica has the manuscript I sent, says she read the translations aloud to Tomas and they discussed them as she went. I notice, here and there, words underlined, sometimes twice, in faint pencil. We proceed line by line, stopping at the underlined places, where I explain in my self-conscious Swedish what that particular translated word, line, or concept means in English—translations of translations!—and Monica consults Fulton, and we discuss it a little more. We devote what feels like an hour to the final couplet of "Nightbook Page." The literal translation "People with a future/instead of faces" sounded strange to me, so I had pluralized future to make the nouns agree: "People with futures/instead of faces." Fulton had the same impulse, although his agree in the singular: "People with a future/instead of a face." But

Monica is very clear that Tomas means what he says: the people in command envision only one future, despite the plurality of faces. At some point, we take a break and wheel Tomas along the busy, old-town waterfront, touring their neighborhood, stopping in to visit their church, Ersta kyrka, taking in the rare nice weather. I am at their home for six hours. We only get through five poems.

October 6, 2009

Monica prepares another lovely, simple lunch. I bring blueberry muffins made from the berries my husband and I picked in the forest behind our house. Tomas seems delighted to see me—enthusiastically reaching out with a big, one-armed hug. He plays a moving piece composed for the left hand by Glière, a soft creaking emanating from one of the pedals. After lunch, Mustafa brings Tomas to physical therapy and Monica and I go to work, the coffee table spread with my loose pages, Fulton's *Great Enigma,* and two different versions of Tomas's *Samlade dikter* (*Collected Poems*). The conversation is pure Swedish now. At times I barely hang on, trying not to distract myself with worry over what might get lost in the gaps while I work to catch up to the words. As we make our way through the title poem of *The Sorrow Gondola,* Monica talks about what influenced its creation. The Tranströmers spent time in Venice, staying in a flat with, or possibly owned by, their friend Joseph Brodsky, the Russian American poet. The flat was near where Liszt stayed, possibly even in the same building, when he composed *La Lugubre Gondola no. 2.* While there, Tomas slept restlessly—apparently the bed was too small—and had a series of vivid dreams that he incorporated into the poem:

> Dreamt I visited a large hospital. . . . Then everything magnified. Sparrows as big as hens / sang so loud that it briefly struck me deaf. // Dreamt I had drawn piano keys / on my kitchen table. I played on them, mute. . . . Dreamt I was supposed to start school but arrived too late. / Everyone in the room was wearing a white mask.

How eerie those lines are when you consider that he finished writing the poem shortly before his stroke, particularly since Liszt's composition was itself inspired by a premonition of Wagner's death and funeral that ultimately came true. I can't bring myself to ask if, at the time, Tomas saw this as a premonition of his own fate. Did he *know*? I find Tomas's aphasia hard to accept and even harder to bring up. I leave their house five hours later, exhausted and elated.

February 16, 2010

Over lunch we talk about health care in America and Sweden. Later, when we go through the poems, Tomas sits with us. He's been housebound for over a month. The city's plows can't keep up with the snow, and it's impossible to push his wheelchair up and down their steep road. The sky's a low gray. The maple, as if etched in fog. We drink tea and eat the chocolates I bought at T-Centralen. When we talk about Haiku Poems, I sheepishly admit my determination to adhere to the form. "Men, Patty" (But, Patty), Monica replies, eyebrows raised, "Tomas höll fast vid formen" (Tomas adhered to the form). They both smile and I'm relieved. I realize I'm more at ease with Tomas's aphasia, somehow more open to that space between us. It feels less like silence now, and more like part of the new terrain.

That winter visit with the Transtromers ended up being my last. Our schedules grew too cluttered, time flew, and before long I was living back in the U.S. The hours we spent going over *The Sorrow Gondola*—that line-by-line review—wasn't what I was expecting or even hoping for, but at some point it dawned on me that the process was as much about honing trust as it was about honing the translations. We never went over the last handful of poems.

Monica once told me that after the stroke, when enough time had passed for Tomas to regain his sense of the world, he seemed much calmer, more at peace. His life up to then had been stressful. He was still actively involved in his career as a psychologist and was in high demand as a poet, frequently traveling for readings and other literary engagements. Apparently he was anything but calm. From the way she described the change in him, I gather what he experienced wasn't entirely devastating. Perhaps what Tomas said in an interview— conducted less than a year before his stroke—sheds light on this surprising reaction. In response to a series of questions about his writing process, specifically the relationship between the interior and exterior landscapes, Tomas replied that, for him, inspiration is "the feeling of being in two places at the same time. Or, of being aware that you are in a place that seems very closed but that actually everything is open."

> And the emptiness turns its face to us
> and whispers
> "I am not empty, I am open."
>
> ("Vermeer," trans. Patty Crane)

Acknowledgments

Translations were sourced from the original Swedish, from the following titles:

För levande och döda (*For the Living and the Dead*), 1989

Sorgegondolen (*The Sorrow Gondola*), 1996

Samlade dikter 1954–1996 (*Collected Poems 1954–1996*), 2001

Den stora gåtan (*The Great Enigma*), 2004

Grateful acknowledgment is made to the editors of *American Poetry Review*, *Blackbird*, *Poetry East*, and *Smartish Pace*, where many of these translations first appeared, some in slightly different versions. "Like Being a Child" was featured on the *Poetry Daily* website, as well as in *FIELD*, along with "Two Cities," as part of Jean Valentine's essay "Poets Without Borders." "The Station" appeared in *New Ohio Review* as the focal point of my essay, "Like a Struck Tuning Fork: Translating Sound in Tranströmer's 'The Station.'"

I am deeply grateful to David Wojahn for his close readings of these translations and his unflagging support, as well as to Jean Valentine for introducing me to the Tranströmers. I acknowledge with gratitude the MacDowell Colony and Calderwood Foundation for the generous fellowship and support that enabled me to complete this collection. Special thanks to Dr. Edan Dekel of Williams College for his help rendering the Old Swedish in "Baltics" to a wonderful Old-Middle English. Heartfelt thanks to Marieanne Clark, Terry Johnson, Jody Gladding, Sarah Maclay, Monica Johansson, and Hildred Krill. Deepest thanks to Tim, Holly, and Lily Crane. I will be eternally grateful to Tomas and Monica Tranströmer for so graciously opening their home and lives to me during the years I lived in Sweden, making that time one of the personal highlights of my life.

About the Author & Translator

Tomas Gösta Tranströmer (born Stockholm, Sweden, April 15, 1931) was a Swedish writer, poet and translator, whose poetry has been translated into over sixty languages. Tranströmer is acclaimed as one of the most important European and Scandinavian writers since World War II. Critics have praised his poems for their accessibility, even in translation; his poems capture the long Swedish winters, the rhythm of the seasons, and the palpable, atmospheric beauty of nature. He was awarded the 2011 Nobel Prize in Literature. He died March 26, 2015, at the age of eighty-three.

Patty Crane's translations of Tomas Tranströmer's poetry have appeared in *American Poetry Review, Blackbird, New Ohio Review, Poetry Daily, Poetry East,* and *Smartish Pace.* She spent three years living in the Stockholm area of Sweden, where she worked closely with Tranströmer and his wife, Monica. Crane's book reviews, essays, and award-winning poetry have been published in numerous journals and anthologies.

Sarabande Books is a nonprofit literary press located in Louisville, Kentucky. Founded in 1994 to champion poetry, short fiction, and essay, we are committed to creating lasting editions that honor exceptional writing.